U0905880

本论文集获得“2019年北京高等教育‘本科教学改革创新项目’：
基于国际认证范式的新商科人才培养模式优化及质量提升的探索实践”项目资助
本论文集获得北京市教育科学“十三五”规划2016年度重点课题
《AACSB认证与市属高校商科人才培养质量提升策略研究》（项目编号CADA16041）项目资助
本论文集受北京联合大学教学改革重点课题“数字经济时代新商科人才培养体系构建与实践”项目资助

国际范式 本土实践

——地方高校商学院国际化建设研究与探索

主 编 陈建斌
副主编 尹福斌 李承锋 郑 丽 张明贤 孙桂生
崔 玮 翟 晶 郭毅靖

International Paradigm, Local Practice:
Research and Exploration on the Internationalization of Regional Business Schools

中国财经出版传媒集团
经济科学出版社
Economic Science Press

图书在版编目（CIP）数据

国际范式　本土实践：地方高校商学院国际化建设研究与探索/陈建斌主编．—北京：经济科学出版社，2019.11

ISBN 978－7－5218－1085－1

Ⅰ．①国…　Ⅱ．①陈…　Ⅲ．①地方高校－国际化－研究－中国　Ⅳ．①G648.4

中国版本图书馆 CIP 数据核字（2019）第 285198 号

责任编辑：孙怡虹　何　宁
责任校对：靳玉环
责任印制：李　鹏

国际范式　本土实践
——地方高校商学院国际化建设研究与探索
主　编　陈建斌
副主编　尹福斌　李承锋　郑　丽　张明贤
　　　　孙桂生　崔　玮　翟　晶　郭毅靖
经济科学出版社出版、发行　新华书店经销
社址：北京市海淀区阜成路甲 28 号　邮编：100142
总编部电话：010－88191217　发行部电话：010－88191522
网址：www.esp.com.cn
电子邮件：esp@esp.com.cn
天猫网店：经济科学出版社旗舰店
网址：http：//jjkxcbs.tmall.com
北京季蜂印刷有限公司印装
710×1000　16 开　13.5 印张　230000 字
2020 年 1 月第 1 版　2020 年 1 月第 1 次印刷
ISBN 978－7－5218－1085－1　定价：48.00 元
（图书出现印装问题，本社负责调换。电话：010－88191510）

前　言

依照国家统计局公布的2011～2015年我国普通本科、专科学校分学科统计的在校学生数据，管理学和经济学类专业在校生占比已超过24%，接近总量的1/4，仅次于工科类专业在校生数。占如此大比重的商科教育在全球化及中国经济总量持续壮大的背景下该如何发展？放眼世界无疑是正确的选择之一。

正是基于这样的共识，继2016年中国加入《华盛顿协议》，中国的工科教育全面接轨国际标准之后，越来越多的国内商学院在以加速度冲击国际各大商科教育认证。以国际高等商学院协会（AACSB）认证为例，通过该项认证的国内商学院，2010年前仅有3所，到2015年已经增加到13所，到2018年已经是23所。与此同时，越来越多的中国大陆商学院加入其会员并启动了认证。

在这些勇于向国际商科教育最高标准的高峰攀登的商学院中，大部分为国内“985”“211”院校，或者是国际合作办学高端商学院。但也不乏以上海理工大学管理学院、北京联合大学商务学院为代表的地方院校身影。这些院校有的有着国际化办学的初步经验，有的则是有着独特的行业背景特色。它们抓住国际认证“使命驱动，持续改进”的核心理念，不畏艰险、全力以赴地投入这一自我提升的浪潮中。也许相对名校来说，它们在前进的方向上会遇到更多的礁石，但这种自强不息的精神所激起的浪花也更加美丽。

2018年，上海理工大学管理学院率先以非教育部直属院校身份叩开AACSB大门。同年10月，北京联合大学商务学院与其携手发起成立了“高水平应用型高校商学院国际化建设研究联盟”，来自全国响应加入联盟及参加成立大会的商学院达60多所。这一方面说明地方商学院有着国际化发展的强烈意愿；另一方面也说明地方商学院亟需一个自己的交流平台。经过大会讨论，联盟的宗旨就是凝聚院校力量，以提升高水平应用型高校商学院的国际化水平和人才培养质量为核心，参照国际商科教育认证标准与建设范式，开展商学院建设研究和实践，为推动商科教育的国际标准实现本土化实践进行前行探索，为地方商学院寻求特色发展、达到国际领先水平奠定现实基础。

在这一宗旨的指引下，联盟又于2019年7月举办了第一次学术活动“教学质量保证体系（AoL）建设与实施学术研讨会”，围绕着人才培养质量这个核心，对国际商科教育核心理念展开研讨。研讨会吸引了20余所商学院的100多名教师及管理人员参与，会议主要围绕着专业建设与课程体系构建、教学方法改革等AoL核心问题展开，激发了参会人员的热烈讨论。本论文集收录了本次研讨会上进行交流的论文成果，同时也收录了认证工作组织开展方面如学院顶层设计、资源保障方面的文章，以及商科教育的理论与实践融合及创新创业教育方面的文章。所有文章均来自对国际标准的本土实践，或许理论水平上有所欠缺，但真诚希望能得到同行专家、读者的批评指正，抛砖引玉，在交流中共同促进商科教育的发展。

编者

2019年9月

Contents

目录

课程建设与教学方法改革 109

实践与创新创业 159

顶层设计与资源保障

新商科的历史背景及人才培养模式探索

陈建斌*

摘要：新时代呼唤新型商科人才，国内众多高校开展了新商科人才培养的探索与实践。首先，本文简要梳理了国内外商科教育的发展历史，总结了商科教育的历史经验：产学整合，高度互动；与时俱进，德才协调；聚焦国际，放眼全球。随后，本文讨论了新时代中国商科教育的问题及挑战，探索性提出了新商科人才培养的新理念、新范式、新体系、新模式，阐述了综合立德树人、国际认证、数据赋能、创新实践、学科协同的新商科人才培养模式及项目规划，为商科教育提供了新的理论素材和实践支撑。

关键词：新时代　新商科　人才培养模式　AACSB 认证

一、引言

2018 年 10 月 26 日，在“新时代 · 新商科”主旨论坛上，29 所商学院院长齐聚天津大学，共议商科教育新未来。天津大学管理与经济学部主任霍宝锋以《新商科：新时代的整合者》为题阐述了新商科教育的背景与未来，指出改革开放 40 年来，全国高校商科发展迅猛，但是存在些许缺陷，如重视学术研究而不重视实践、忽视技术创新对教育内容和教育手段的影响等。针对这些问题，他提出了“一个定位：面向未来；两个目标：立德、树人；三个工作：教学、科研、服务；四个思路：价值整合、学科整合、虚实整合、生态整合”

* 陈建斌，北京联合大学商务学院，副院长，教授。主要研究方向：商务智能、知识管理。

的“新商科”建设构想。他在论坛总结阶段提出了“新商科·天大倡议”，新商科需要承载新使命、拓展新逻辑、付诸新行动，新时代的商科教育工作者要强化使命驱动、打破教育边界、整合教育资源、共创教育生态，为促进我国商学教育健康发展，推动社会进步贡献力量。“新时代的整合者”成为新商科的亮丽标签。

二、商科教育的发展演进

商科是高度应用型的学科，商科教育与发展离不开商业经济的实践。商科教育培养的人才直接服务于社会商业经济，是商业市场经济条件下的基本教育。今天，随着我国社会经济的高速发展、产业经济的快速转型，国家急需商业人才特别是适应当今社会经济发展的人才。正如“新商科”论坛上指出的，当今的商科教育虽然迅猛发展，但仍存在着很多的问题，尤其是应对新时代新经济所必备的人才培养新范式，尚未成型成熟，人才培养的质量难以满足产业经济发展的需求。在探讨新商科人才培养的时候，我们不妨回顾一下现代商科教育的发展历史。

1. 商科概念界定

“商”的概念起源于原始社会以物易物的交换行为，它的本质是交换，而且是基于人们对价值认识的等价交换。第三次社会大分工后，以营利为目的的交换活动出现，产生了专门从事劳动产品交换的商人（群体）和商业（部门）。最初的商是根植于简单地以营利为目的的商品交换中，也就是主要局限于商品流通领域。在人类社会发展历程中，随着社会生产力的发展，原始社会的小商品生产最终发展成了社会化大生产，原始的小商品经济也发展为现在的市场经济。在市场经济下又出现了以营利为目的的厂商、批发商、零售商、经销商、代理商、储运商、广告商、保险商、证券商，等等，“商”的概念不再局限于商品流通领域，“商”的内涵得到了极大扩展，一切以营利为目的的经营活动都可纳入“商”的范畴。对商及商业事务中规律的认知和研究就成为商学，站在学科的角度就是商科。

2. 我国商科教育发展历史

（1）古代起源阶段。我国历史上封建社会占据了大部分时间，商业发展比较缓慢，商学主要在两个方面表现出来，一是师徒式的商学传承，二是著书立论式的商学传承。封建社会中，士、农、工、商，商排在最后，商人的社会地位非常低，更加没有专门教授经商学问的地方。经商之学的教育一般是徒弟居于店东之家，店东供给衣食住，授予商业技能，并为东家提供劳务的这样一种互利行为。著书立论的商学传承是指散落在各种各样涉商著作中商学思想的传播，民间流传范围稍广。

（2）近代雏形阶段。我国近代社会经历了剧烈变革，从封建王朝的土崩瓦解到半封建半殖民地建立，当西方强国进入中国社会后，激起国人自强之决心。在清朝末年鸦片战争之后，洋务派认识到求富、强国的重要性，秉承“求富求强”的宗旨推动社会进步。在此思想指导下的新办学堂都重视商学，如张之洞创建的湖北自强学堂便设立“商务”课程，晚清商务大臣盛宣怀创办南洋公学以培养“内政、外交、理财的高级人才”。政府层面也出台了《奏定学堂章程实业学堂通则》对开办实业学堂做了详细规定，在“求富求强”宗旨下，商科作为独立的商业学堂单独出现。同时该章程还规定大学堂内设分科大学堂，商科大学堂下设三门，即银行及保险学门、贸易及贩运学门、关税学门。为了保证商业大学堂的教学效果，章程还规定必须设置商业实践场所。此举可认为是我国大学中设立商科的开端。

民国时期，商科教育在前期积淀基础上已经有了初步发展。1912 年，教育部发布《大学令》规定商科为七大学科之一，并且规定以仅有文科而无理科的学校要兼有法商二科才有资格名为“大学”，更加巩固了商科在大学中的地位。在大学之下还推广设置地方性的商业专门学校。我国商学开始正规系统的学校教育的开端时期，商业学堂基本都存在教程不足、缺乏师资的情况，并且规模都比较小。国民党统治时期，商科从原来的商业学堂并入综合性大学的经济系。

（3）现代发展阶段。新中国成立以来，基于我国的经济发展可以将商科教育分为四个阶段。第一阶段是新中国成立至 1965 年，是基于计划经济的商科教育。最初大学商科主要借鉴苏联《苏维埃贸易经济学》，之后各大院校开始编制自己的教程，如中国人民大学的《中国社会主义商业经济》等；第二阶段是 1966 ~ 1977 年，在特殊的历史时期，商科全部被取消，处于停办状态；第三阶段是 1978 ~ 1998 年，我国计划经济体制变为社会主义市场经济体制，工作中心转移到经济建设上来，社会主义蓬勃发展。此时商科教育又回归正轨，并得到了大力发展，翻译引进大量西方资本主义国家商学文献及教程，也借鉴了国外商科专业设置和教学的经验，丰富了我国商科学科体系和教学内容，构建了从专科、本科、硕士研究生到博士研究生的多层次商科教育体系；第四阶段，1998 年至今，1998 年教育部又进行了一次大的专业结构调整，取消了商业经济专业，各校进行相应的专业调整，商学学科划分为更合理细致的专业群。

3. 欧美商科教育简史

早在 1881 年就已经萌芽的美国管理教育，直到第二次世界大战后才真正迎来黄金时期，130 余年间经历了多次大起大落，才达到今天的水平。而欧洲的管理教育则是在 20 世纪 50 年代，为与大举进入欧洲的美国企业竞争、培养本土企业家才快速发展起来的。

美国南北战争结束至第一次世界大战爆发的五六十年里，美国企业蓬勃兴起，大量专业的企业管理人员成为当时社会的急需人才。因此，1850 年后，在美国纽约、费城两地首先出现了商业学校，至 1870 年两地已有 26 家商业学校，共计 5800 名在校学生。至 1900 年，全美商业学校已多达 400 家，在校学生高达 11 万人。然而快速发展的美国工商业，需求巨大的管理人才市场，均向美国商学院要求着更高层次的经营管理人才。1900 年，达特茅斯大学阿尔莫斯学院，即现在的塔克商学院，最先提出了商业研究生课程，但仅授予工商管理学士学位（bachelor of business administration，BBA）。直到 1908 年，哈佛大学商学院成立，并创办了为工商业服务的高级学位，招收了第一批工商管理专业研究生。

最初，美国大学内增设商业课程主要来自工商界的大力推动。所以早期的商学院也多位于当时美国各主要商业中心或其附近，如费城、纽约、芝加哥、旧金山等。第二次世界大战后，美国由战时经济转变为和平时期经济，民间消费能力大量释放，电器、汽车等耐用消费品市场蓬勃兴起，为企业发展带来很好的机会，进而使管理人才的需求激增。美国管理教育的规模在两次世界大战之间迅速增长，不但其地位在大学里得到了认可，而且在学生数量上占到了相当大的比重。

欧洲工商管理的发展受到政府的阻碍，早期许多欧洲国家不允许社会集资的大学创办“职业化”商务课程。直到 20 世纪 50 年代，美国企业大举进入欧洲，对欧洲各国的企业界和教育界形成了强烈的刺激，为了与美国企业竞争，培养现代企业家的商学院也如雨后春笋在欧洲各国纷纷建立起来。欧洲第一所商学院是欧洲商业管理学院（INSEAD），于 1957 年由两位在哈佛商学院供职的法国教授发起，由巴黎工商联的实业家出资创立于巴黎。学院的宗旨是对欧洲的管理人员进行现代化的教育，培养国际化的高级管理人员，以促进欧洲的管理与经济一体化。随着教程的不断成熟，INSEAD 在 20 世纪 80 年代开始面向全球招生，并在短短的几年里，创下良好的国际声誉。在法国，许多一流公司的总裁或执行董事都参加过 INSEAD 的速成教育。

在英国，20 世纪 60 年代，由于英国政府有意建立“商业教学与研究的卓越中心”，从而促成了伦敦商学院（LBS）和英国曼彻斯特商学院（MBS）在 1965 年创建。在这半个世纪里，它们不断地完善和发展自我，不仅迅速成为欧洲 MBA 教育研究中心，而且跻身于全球十大商学院行列。美国《时代》杂志也曾报道这两所学校，并把他们作为欧洲 MBA 教育的成功典范之一。事实上，在 1965 年以前，英国尚没有一所正式的商学院，而到了 21 世纪初，英国商学院数量已达 120 余所。1961 年，英国的专家学者还自信地断言“管理学还不能成为一个成熟的大学学科”，而到了 2011 年，英国高校 1/8 的本科生、1/5 的研究生、1/4 的留学生就读于商学院。英国商科高等教育每年为英国经济带来大约 95 亿英镑的贡献。在英国总体上快速发展的高等教育领域，没有哪个学科能够像商科和管理学科这般发展迅速。

三、中外商科教育发展历史的几点经验

1. 产学融合，高度互动

美国大学商业课程的发展主要来自工商界的大力推动，早期商学院也多位于当时美国各主要商业中心或其附近。第二次世界大战后，美国由战时经济转变为和平时期经济，民间消费能力大量释放，电器、汽车等耐用消费品市场蓬勃兴起，为企业发展带来很好的机会，进而使管理人才的需求激增。

英国曼彻斯特商学院（MBS）工商管理教育成功的关键即是与工商业保持密切的合作。为了加强与公司合作并鼓励学员将理论与实践紧密结合，MBS 与许多一流的企业如福特汽车、Halifax 银行等均保持着良好的伙伴关系，企业通过赞助或奖学金资助一些学员，让学员为他们讨论解决公司的实际管理课题，并将其制订的管理计划付诸实践。MBS 对生源要求很高，很多学员在入校之前就已是公司或部门的高级管理人员，大约 80% 的在职 MBA 学员和 25% 的全日制 MBA 学员是由公司资助来学习的。

2. 与时俱进，德才协调

20 世纪 60 ~ 80 年代攻读工商管理学位的学生人数快速增长，绝大多数商学院都没有在课程设置和培养模式上进行改革和试验。长时间的故步自封使美国商科教育难以适应外部环境变化。20 世纪 80 年代，面对来自日本、欧洲，甚至新兴工业化国家的竞争，美国产品在国际以及国内市场上节节败退，出现了国家贸易及预算双重赤字问题。有人指责美国工商管理教育所培养出来的学生眼光短浅、金钱挂帅、缺乏领导才能，也缺少对组织的效忠精神。《哈佛商业评论》1984 年发表文章称，“商学院不能令人满意的工商管理教育应对美国工商业国际竞争力的下降负有一定的责任。”

最近一次人们对商学院的“声讨”和反思来源于最终影响了全球经济和金融走势的次贷危机。全球金融危机爆发后的六年时间里，民众对华尔街的愤恨难平，声讨华尔街的影视作品层出不穷，而构成华尔街精英主体的美国顶尖商学院毕业生无疑成为“声讨”的主要焦点。评论人、观察家甚至是编剧和导演纷纷从不同的角度批判商学院毕业生在职业伦理、社会责任感甚至是道德良知方面的缺失，更有人提出“如果没有那些所谓的 Yong Smart（年轻且聪明）的 MBA 发明的金融衍生工具，现在的世界可能完全是另外一个样子”。

如今，商学院工商管理教育变革仍在继续，有些问题的解决之道仍在探索中，例如，商学院应建立什么样的机制以适应新经济时代的要求？商学院培养出什么样的人才来融入瞬息万变的环境？商学院如何招募到世界一流师资？如何吸引最有潜力的学生等。总之，美国的工商管理教育随着社会经济的不断发展也在不断调整自己的培养机制和模式。

3. 聚焦国际，放眼全球

欧洲商科教育有很深的国际化基因。法国 INSEAD 商学院将国际化作为学院发展和改革的方向，要求 MBA 具有激烈的国际开放意识，掌握三门语言，力争培养学员处理多元化差异情景的能力。因此，INSEAD 为学员提供去一些欧洲国家企业实习的机会，让学员适应国际市场和国际环境，培养学员处理跨国业务的能力。同时，为了培养国际开放型人才，INSEAD 采取许多具有国际内容的教学课程，增加全球性的内容和问题分析，引进世界科技的先进成果，保持并增强学员对于国际知识研究的专业项目的注意力。INSEAD 商学院是欧洲 MBA 教育的中心，欧洲自此成为全球第二个管理教育重镇。

四、新时代中国商科教育的背景

与美国、欧洲等商业教育非常成熟的国家和地区相比，中国的现代商学院虽然仅有30多年的历史，却浓缩了先行者百年的波折，发展势头十分迅猛。然而，我们也需要清醒地认识到，从整体水平上来说，国内商学院仍存在着很多不尽如人意的地方，如教师水平不高、生源质量较差、商学院管理效率较低等。除了这些传统问题，改革开放40年积累的中国企业管理智慧和当前迅速发展的数字经济，为中国商科教育提供了足够的成长空间，也提出了严峻变革挑战。

1. 传统商科教育面临的主要问题

（1）商科教育与产业实践脱节。传统商科教学思路落后于社会经济发展，不能满足社会发展对商科人才的需求。从学术的角度看，高等商科教育应该是领导着学术、学科的潮流，但是当前教育教学内容滞后、教学方法陈旧、教材形式老套内容过时等问题普遍存在。教学手段和方法上仍然单一，灌输式教学方法多，启发式、实践性的教学方法少，对学生的知识传授居多，但对能力、素质培养重视不足。师资队伍以学院派居多，产业界专家介入商科教育的方式方法比较单一，深度不够。

（2）商科体系过细导致学科协同不足。商科教育的目的是培养出符合社会经济发展需求的商科人才，从根本上看所有与市场相关联的经济和管理内容都应该是商科教育所要关注的内容，但是传统商科教育经济学和管理学分列，具体的商科专业过细、分化有余但是综合不足，知识壁垒严重，教学科研中的学科协同较差，培养的人才综合能力不够，无法适应社会经济发展需求。

（3）商科教育理念落后，质量为本践行不足。基于学习产出的教育模式（OBE）理念在商科教育中贯彻不够，从培养目标到课程大纲主要是由教师根据学科知识体系进行的应然设计，学生的学习成果缺少实时监测和评价，学生在实践中的具体技能和知识需求无法在教学体系中得到有效培养。商科教育的国际化程度较高，但我国的商学院普通国际化程度不高，缺少必备的资源和条件支撑。以国际高等商学院协会（AACSB）认证等为代表的国际成熟商科教育范式尚未得到广泛传播和采纳。

2. 40 年中国管理的成功实践对商科教育的影响

现代中国商科教育主要借鉴了欧美等发达国家的模式和经验，在改革开放初期为我国的经济建设和社会发展提供了管理智慧和驱动力，发挥了重要作用。但是，随着以海尔为代表的一大批中国企业开创出独特的管理实践，以及诸多管理学者开始关注“管理学在中国”的研究，从本土组织行为学、中国管理哲学范式、管理的制度文化性等不同角度培育和丰富着中国的管理理论和技术体系。改革开放 40 年为中国商科发展提供了“四个自信”的时代支撑，也为商科变革提供了良好机遇。

3. 科技创新与颠覆式创新对商科教育的影响

过去 30 多年，全球经济飞速增长的一个重要推动力量是新技术的广泛应用，促进了商业模式创新，产生了很多的商业颠覆力量。全球掀起了一场新的技术创新浪潮，物联网、大数据、云计算、区块链、人工智能、虚拟现实、新能源、新材料、生命科学等。中国旺盛而丰满的创新创业实践，共享经济、移动支付等商业领域的变革和创新，使得商学院的教授与学生不得不关注传统商科教育的内容、方式与当前快速发展的商业实践之间的接口问题。我们的金融学、会计学、工商管理、国际贸易等，如何迎接这些技术创新所带来的企业变革和产业革命？这也是商科教育面对的一个挑战或者是机遇。

4. 商科人才社会责任感提升与商学院逻辑的拓展

前已述及，美国的次贷危机引起了人们对商科教育的反思，目光短浅、良知缺失的“优秀”商科毕业生只懂得追求短期和眼前利益，没有足够的社会担当。长江商学院项兵教授指出，传统管理教育主要聚焦如何经商，如何使企业更具有市场竞争力。在商业社会化的时代，只想着“赚钱”是远远不够的。长江商学院希望把商学院逻辑做一个拓展，倡导关注财富的整体循环逻辑：为什么经商？如何经商？如何使用财富？这三方面缺一不可，有机一体，要以更加宽广和长远的视角予以考虑。长江商学院重新定义了企业社会责任，要“敢于担当，服务社会”，自 2010 年起在 EMBA 项目中开设 48 小时制公益必修课，成为全球首家且是迄今为止唯一一家倡导如此行动的商学院。

在当前大学本科教育强调“以本为本”“立德树人”“培养德智体美劳全面发展的社会主义建设者和接班人”的情况下，培养具有良好商业伦理和社会责任感、具备国际视野和多元文化认知能力、能够团队协作和沟通交流、掌握较强的商科专业实践能力的商界骨干，需要一套创新的商科人才培养体系的强力保障。

5. 本科专业审核评估和专业认证的时代背景

2018 年 1 月 31 日，教育部高等教育司司长吴岩在《普通高等学校本科专业类教学质量国家标准》（以下简称“国标”）发布会上表示，对于普通高等学校本科专业类教学质量，我们在“国标”的基础上实行三级认证工作，即“保合格、上水平、追卓越”。其背景主要有四点：第一，全国教育大会的精神实质要解决的就是怎样培养人才的问题。本科教育应当以人才培养为中心，做好教研、科学、社会服务。第二，新一轮科技革命和产业变革势不可挡。第三，高等教育即将进入普及化阶段，对人才培养提出挑战。第四，重视本科、强调本科也是适应世界高等教育改革和发展的潮流。教育部主推工科认证、师范认证，商科认证仍处于自发阶段，但未来的发展趋势已经明朗，基于认证推动学科专业内涵建设已经成为商科教育的基本范式和基本保障。北京联合大学商务学院在 AACSB 认证方面的实践也证明了这一点。

五、构建新商科人才培养模式的基本框架

大家已经形成共识，本科教育需要突出三大理念：一是以学生为中心、学生全面发展、学生主体地位，实现从以“教”为中心向以“学”为中心的转变，使教学改革的成果惠及全体学生；二是产出导向，强调教育“产出”质量，也就是毕业生离校时具备了什么能力，能干什么、会做什么；三是持续改进，要建立完善“发现问题—及时反馈—敏捷响应—有效改进”的质量保障循环机制，有自己的质量保证体系并能够持续改进，是一所学校成熟和负责的表现。中国的新商科建设可以在理念和方法上借鉴国际认证，在“四化两性”（即全球化、规范化、本土化、信息化，融合性和创新性）方面逐步办出自己的特色。

1. 新理念：从社会经济发展的视角定位新商科教育

新商科教育需要摒弃先前基于学科专业知识体系设置专业和培养目标的传统，在“关注社会发展变迁、面向未来，培养有自我价值观念的终身学习者的思想”下进行定位，需要重点培养学生在商科领域的思辨思维、表达与思考能力、终身学习能力，使之既满足行业需要，又适应社会经济快速发展需要的重要理念。

同时现代社会是商业、技术和人文愈发深层融合的新商业时代，商务人才需要逐步构建起“数据思维”“交互思维”“哲学思维”和“美学思维”，这些不同思维间的交叉融合不但是商业创新的动力源泉，也是商业人才自我发展的基础。

2. 新范式：融合国际认证、立德树人和创新创业打造新型商科范式

通过国际认证可以借鉴成熟的商科人才培养范式，实现国际规范和中国特色的完美融合；基于立德树人，强调德才兼备，引领理论与实践、课内与课外、思想与方法的全面融合，创新商科全人教育；聚焦社会需求和商业实践，大力培养商科人才的应用创新和商业模式创新能力。

3. 新体系：强化专业协同，立足于商业实践完善培养方案和培养环节

商业实践问题都是综合的，没有严格的经济、管理学知识界限。而大学里基于学科体系的专业设置，会把这些知识分离开来，形成所谓的知识或专业壁垒。新商科教育要想培养符合市场需求的复合型商科人才，就必须打破知识壁垒，重构商科专业的内涵与外延。构建集经济学、管理学、传播学、计算机科学技术、数据科学等的跨专业综合的商科专业群和相应的课程体系。

4. 新模式：基于学生认知规律和新时代特点探索新商科教育教学改革

商科来源于社会经济市场实践，最终也要运用到实践中去，商科教育对社会中的产业经济发展动向反应具有高度的敏感性，因此商科教育不同于其他教育的地方就是实践导向的教育。在此基础上新商科教育应该结合学生的认知规律，改变传统的教学方法、教学环境、考核评估方式，采用集信息化教学、情景教学、案例教学、实践教学、小组讨论模式教学，聘请企业专家联合教学等的全方位立体的教学方式和手段。在注重学生学习体验情境和实践性的基础上激发学生的创造力，建立“以学习者为中心”的教学新方式。

基于以上思考，商务学院规划了新商科人才培养的若干项目，启动了新模式的探索与实践。这些项目主要有：（1）“新商科”教育研究，主要以2019版培养方案的制修订为契机，加强“新商科”教育的研究和应对，提前进行调研和论证，并力争在新版培养方案中有所体现。（2）智慧化商科教育资源建设。以“大数据商务应用与分析实验室”“智慧金融实验室”等实验室、课程（教材讲义、数据资源）、师资力量的建设为抓手，强化大数据、人工智能在各专业中的应用，不断提升专业教育中的智慧化水平。要求每个专业都要找

到与大数据、人工智能相结合的培养环节或课程设置。(3) 创新创业培养平台建设。以孵化基地为商科创新创业教育的基本平台，进一步完善教育体系和教学水平，显著提升学生的创新意识和创业能力。(4) 新商科教育的执教能力培养。为了强化新理念、新方法、新技术在课堂教学中的深度应用，进行系列的师资培训、研讨、论坛和实践。(5) 教材与研究论文。智慧商科教材建设、中国特色的管理理论研究、体系融合与基地建设研究等。

总之，希望北京联合大学商务学院能够从2019年开始，将立德树人、国际认证、创新创业、智慧赋能等方面的探索进行全面整合，以全新的“新商科”人才培养体系迎接未来，服务社会，践行使命。

参考文献

[1] 盛宣怀．愚斋存稿初刊：卷三 [M]．上海：思补楼藏版，1939.

[2] 田娟娟．新商科背景下金融学专业人才培养探讨 [J]．合作经济与科技，2019 (4)：112－113.

[3] 莫晓．“双创”时代产教融合的新商科人才培养模式研究 [J]．才智，2019 (3)：118，120.

[4] 凌学岗．创新创业教育赋能新商科高校创新发展 [J]．福建商学院学报，2018 (6)：70－76.

[5] 陈晖．供应链背景下产教融合共育新商科人才的实践探索——以厦门华厦学院为例 [J]．物流工程与管理，2018，40 (10)：145－146，155.

[6] 贾秀丽．历史变迁视阈下新商科教育发展研究 [J]．中国乡镇企业会计，2018 (9)：283－285.

[7] 汪晓君，冯江华．“新商科”理念下跨境电商专业与产业融合发展研究 [J]．现代商贸工业，2018，39 (27)：33.

[8] 汪永华．新商科人才创新创业教学改革实践初探——基于“互联网＋商学院”协同机制 [J]．工业和信息化教育，2018 (7)：6－10.

[9] 毛青．对新商科人才培养的创新性探索——评《商科人才培养探索与创新——重庆工商大学商务策划学院实践 (2015)》 [J]．中国教育学刊，2018 (7)：145.

[10] 王锐，雷雨．基于新商科背景下大学生创客实验室建设探讨——以产教一体化创客实验室为例 [J]．知识经济，2018 (11)：148－149.

[11] 卢彰诚．“互联网+”时代产教深度融合的新商科人才培养模式研究 [J]. 科教文汇（下旬刊），2018 (1)：95－97.

[12] 全球商学院发展历程 [EB/OL]. https：//www. sohu. com/a/236296867_763433.

略论商学院使命与人才培养目标的辩证关系

郑　丽*

摘要：在长期的发展过程中，由于治学方式、教学理念、价值追求特别是大学使命的差异，使得不同学校形成了不同的定位和价值取向。确定好商学院的使命，不仅关系到学生的培养和教师的职业前景，而且关系到学校的发展及其对社会的贡献和影响。本文分析了 AACSB 国际商科认证对商学院使命的要求，探究了商学院使命与人才培养目标的辩证关系，为商学院设计培养方案、明晰人才培养目标提供了一定借鉴。

关键词：商学院　使命　人才培养目标　关系

大学使命是一所大学教学及教学管理活动得以有目标、有追求开始的一个逻辑基础，其阐明了大学组织存在的社会价值和社会意义，也是各利益相关者评价一所大学的重要依据。20 世纪西班牙著名的思想家和社会活动家奥尔托加·加塞特在《大学的使命》一书中指出，我们应该直接地、明确地回答大学是什么、大学应该干什么。对大学使命，奥尔托加将其归纳为三个方面。第一，文化传授。大学首先应该把普通人培养成有“文化修养”的人，使他们处于时代标准所要求的高度。第二，专业教学。即利用人类智慧所发明的最经济、最直接和最有效的方法，把普通人培养成为优秀的专业人员。第三，科学研究和新科学家的培养。他认为，科学在大学里通过研究和科学方法的传播得以发展。在所有关于大学使命的论述中，人才培养几乎无一例外地始终列在第一位。这也促进了依据学校使命科学合理地设计人才培养目标的诸多教学研究

* 郑丽，北京联合大学商务学院，副院长，教授。主要研究方向：教育信息化、教学研究与管理。

与教学实践工作的开展。

一、AACSB 商科认证与商学院使命

国际高等商学院协会（The Association to Advance Collegiate Schools of Business International，AACSB）国际商科认证，是商学院发展过程中顶级的三大国际认证体系之一。该认证依托创立于 1916 年的国际高等商学院协会组织，使用国际通行的标准和评价方式对商科和会计专业进行认证。

与目前社会上存在的一些“高端导向”的认证特点不同，AACSB 认证强调的是“使命导向”，即其注重依据学校的使命宣言进行评价。通过其认证的既有世界顶级大学，也有地方普通本科院校。这一特征显然为国内广大地方商科院校参与认证、持续改进教学质量提供了良好的平台和渠道。

AACSB 在其 2013 版标准中明确提出，高质量的商学院要有明确的使命，并将其付诸学院的实际运行之中。AACSB 认为，对学院的各部门来说，使命必须是恰当的、可描述的和易懂的；使命必须为学院决策的制定提供总体的方向，并且与学院发展战略和路径相一致。由此可以看出，明晰商科院校的使命及内涵符合商科认证的基本要求，并为商科院校更好地审视自身特点，明确自己的定位，制定合适的人才培养目标及发展战略奠定基础。

二、商学院使命与培养目标的辩证关系

截至 2018 年 12 月，我国大陆地区通过 AACSB 国际商科认证的商学院共有 22 所，其中大部分为“985”或“211”等重点高校。对这些商科院校的使命内涵进行比较分析后发现，它们存在以下共同点：（1）都明确地表达了大学存在的目的和大学的核心价值；（2）都反映出大学普遍意义上的四大职能：人才培养、科学研究、社会服务以及文化传承；（3）都体现出服务地方、区域和国家经济发展的情怀；（4）使命陈述文字均高度凝练、含义深刻，且易于诵记及传播。鉴于使命的上述特点，它们与商学院人才培养目标既相互区别，又密切关联。从商学院使命出发，探求使命和人才培养目标之间的辩证关系，对于商学院的人才培养以及学校发展均有较强的借鉴意义。

（一）人才培养目标的表述与商学院使命内涵的有机统一

高等学校的人才培养目标是不同历史时期、不同任务与情境下对教育提出的不同要求。其定义了学校教学的质量标准，反映出不同类型、不同层次、不同规格的学校人才培养的差异性。通俗地讲，人才培养目标就是一所大学要把学生培养成什么样的人，它是对于大学培养对象所要达到的基本要求和规格标准的回答，也是大学人才培养工作的出发点和归宿。

从辩证关系上讲，大学使命是人才培养目标制定的依据和逻辑基础，人才培养目标是大学使命的落实和具体体现，大学使命和人才培养目标从本质上讲是一致的。有什么样的大学使命，就有什么样的培养目标与之相对应。大学使命决定了一所学校的培养目标，反过来，学校的培养目标也可以反映出大学使命的内涵。

一所大学的使命，通过其学科建设与专业设置作为载体进行贯彻及呈现。为什么建设这个专业？为什么不设置那个专业？要回答这些问题均离不开对学校使命内涵的深刻理解。根据我国《高等学校本科专业设置规定》，高等学校的专业设置应适应国家经济建设、科技进步和社会发展的需要，应有利于提高教育质量和办学效益。也就是说，高等学校的专业设置应兼顾社会需求与学校发展，这是高等教育的本质特征所决定的。但是不同类型的学校，其使命不同，专业建设任务不一样，人才培养目标显然也应该有所区别。例如，像“985”“211”等重点大学要着力于培养业界领袖、学界翘楚，开展事关国家整体利益的全局性与前瞻性的重大课题研究，努力成为知识创新的发源地；而众多的普通地方高校则应更多地肩负起培养业界骨干及社会中坚力量，以推动和促进本区域经济社会发展为己任，推动知识的创新应用，着重在本区域充分发挥大学的功能。不一样的使命及定位，决定着不同的人才培养目标。为了清晰起见，本文以会计学专业为例展示了几所不同类型高校商学院的使命及其会计学专业的培养目标，如表1所示，从中可以发现人才培养目标与其所在的商学院使命内涵的高度一致。

表1　重点大学与地方普通大学使命、培养目标（会计学专业）的比较

学院名称	使命	会计学专业培养目标
复旦大学管理学院	持续为企业、社会和政府组织培养具有全球视野、深谙中国情势，具有持续竞争力的商业翘楚和领导人才	本专业培养具备管理、经济、法律和会计学等方面的知识和能力，能在企事业单位及政府部门从事会计实务以及教学、科研方面工作的工商管理学科高级专门人才
中山大学管理学院	融汇中西管理智慧、培养创业创新精神、践行服务社会责任、做育商界管理精英	本专业坚持国际化与本土化相结合，培养适应现代市场经济需要，具有良好职业道德、扎实会计专业基础的专业型人才；培养在会计与财务领域具有卓越领导能力和广阔国际视野的领军人才；培养服务国家经济战略需要，勇担社会责任，具备人文关怀精神的复合型人才
对外经济贸易大学国际商学院	贡献管理新知，服务社会发展，吸引优秀学生，培养具有社会责任感和精通国际规则的商业精英	培养具有会计职业道德和社会责任感的，熟悉国际会计惯例和相关法规，具备会计、财务、审计、税务以及企业管理等方面的专业知识和能力，拥有实务操作能力以及创新意识，具备跨文化沟通能力和团队协作精神，能在企事业单位、会计师事务所以及政府部门等各类单位从事会计、审计、财务管理等各方面工作的国际化、复合型高素质专门人才
上海理工大学管理学院	地处中国最大的经济中心，上海理工大学管理学院的使命包括以下三点： 培养学生成为社会和企业需要的高素质管理人才，使其具有扎实的管理学学识、强烈的社会责任感、创新精神和全球视野，推动上海、中国乃至全球经济的发展； 通过开展学术研究和参与社会服务创造管理学知识，采用多样化教学方式传授知识； 开展多学科学术研究，推进塑造先进的组织运营模式和管理方式，通过创新思维推动经济发展	本专业培养学生掌握扎实的会计、审计、财务管理等理论知识，注重锻炼学生的实践能力，使学生具有较强的会计实务操作能力、职业判断能力、财务管理能力，能胜任营利与非营利组织的会计、审计、财务管理等相关管理工作
北京联合大学商务学院	践行社会责任，推动应用创新，培养商界骨干，服务区域发展	本专业培养具有较强的商业伦理观念、职业道德和社会责任感，适应首都经济建设和发展需要的，具有扎实的管理学、经济学和财经法律基础，熟悉国内国际会计、审计准则，系统掌握财会知识、业务技能和经营管理，具备分析、解决财会业务的综合能力，实践能力强，具有创新创业精神和可持续发展能力的国际化、高素质、应用型会计专业人才

（二）人才培养目标的修订与商学院使命调整的协调一致

一般而言，大学使命是随着历史的发展而逐渐演化的，它经历了主要以传承与传播知识为己任，教学与科研任务并重，再到教学、科研与社会服务职能并存的过程。在这个发展变化过程中，人才培养目标也随着学校的使命变化而不断调整，使之适应于新的形势和学校新的定位。这一点得到了工科专业工程教育认证以及 AACSB 国际商科认证的支持。

美国工程与技术认证委员会（Accreditation Board for Engineering Technology，ABET）是华盛顿协议的发起组织和美国代表机构，是美国最具有权威性的工程专业认证非官方组织，其认证标准、规范和程序在全球认证机构中具有引领和示范作用。在 ABET 工程专业认证标准（2014－2015）第 2 条——培养目标上规定："专业必须有公开发布的、与学校使命相一致、满足各种利益相关者需要、与各条认证标准相一致的培养目标"；"必须有包括专业利益相关者参与的、有记录、系统实施、有效的专业培养目标的定期评审程序，以保证培养目标与学校使命、利益相关者需要和各条认证标准相一致。"

AACSB 自 1919 年开始推行高等管理教育认证，包括商业认证（business）和会计认证（accounting）两种。AACSB 认证制度严、标准高，在全球商科及管理领域被广为推崇，具有极强的引领作用。在 AACSB2013 版新标准中，标准 8 明确规定：学校要采用有充分记录的、系统的程序来确定和修订学位课程学习目标；设计、实施和改进学位课程以实现学习目标；并能证明学位课程的学习目标已经实现。在这里，学习目标是指每一项学位课程的教育期待值。学习目标源自学院使命、预期成果和战略，并与其三者保持一致。

从上面的论述中可以看出，人才培养目标的制修订，均需要通过领会学校使命，与利益相关者充分交流，调查、分析、研究当前和未来一段时期人才需求和要求，才能制定出既满足利益相关者需要，又与学校使命及认证标准要求相一致的培养目标。同时，为了适应学校使命的变化，应该建立培养目标的定期评审与修订制度。根据不断调整的使命提供与之相协调的高质量的教学和前沿的课程体系，保障所培养的毕业生始终拥有较高的质量。

2017 年 12 月，教育部高等教育司颁布了关于实施《普通高等学校本科专业类教学质量国家标准》的通知，对各专业提高教学质量，实现"办学定位和人才培养目标与国家和区域经济社会发展需求的适应度；专业定位、建设和人才培养目标的达成度；教师和教学资源条件的保障度；教学和质量保障体系运行的有效度；学生和社会用人单位的满意度”五度提出了具体要求。与以往不同的是，本标准更加关注“以学生为中心”的教育理念，突出产出导向，以激发学生的学习兴趣、挖掘学生的学习潜能为出发点，从国家层面有力地推动着高等学校的教育教学从“教得好”向“学得好”转变。在此精神的引导下，各高校新一轮的专业培养方案制修订工作又将陆续展开。但不论怎样修订，人才培养目标与学院使命协调一致的关系将永远不会改变。

三、结语

通过前面的论述可知，商学院的人才培养目标与学院使命具有极强的逻辑一致性。一所商学院要培养什么样的人才是该商学院愿景、使命及价值追求的具体体现。正因如此，在确定商学院使命及愿景时，需要经过对各利益相关者进行深入充分的调研访谈，在确定学院的人才培养目标时需要进行科学的设计论证。

从人才培养的角度出发，人才培养目标的确定指引着各专业人才培养方案的制修订。因此，在进行人才培养方案制修订时必须依据学院使命和办学定位、服务面向及办学条件，主动适应国家及区域产业结构转型升级和经济社会发展对人才的需要，遵循高等教育教学规律、教书育人规律和学生成长规律，坚持“学生中心、成果导向、持续改进”的教育教学理念，对专业人才培养方案进行科学、合理的构建及优化，提升各专业的课程设置对培养目标和毕业要求的支撑度、培养方案与经济社会发展和学生发展需求的契合度。

管理始于目标也终于目标的实现。商学院人才培养活动的全要素、全过程均将围绕培养目标而组织、设计及展开。厘清使命与人才培养目标的辩证关系，不仅有助于商学院在实施学院战略、提高人才培养质量、提升学院办学品质、扩大学院办学影响等方面进行有的放矢的管理，而且对保证目标的实现也大有裨益。

参考文献

[1] 奥尔托加·加塞特．大学的使命 [M]．徐小洲，陈军，译．杭州：浙江教育出版社，2001.

[2] 郑丽. AACSB 认证视角下商科院校使命的比较分析 [J]. 上海教育评估研究，2015 (4)：14-17.

[3] 王娟娟. 大学愿景管理研究 [D]. 武汉：武汉大学，2011.

[4] 刘智运. 创新人才的培养目标、培养模式和实施要点 [J]. 中国大学教学，2011 (1)：12.

北京信息科技大学经济管理学院开展 AACSB 商学院国际认证的可行性研究

陈雪红*

摘要：经济全球化和高等教育国际化迫切需要商学院按照国际标准进行建设，提升商学院的国际化水平。文章对北京信息科技大学经济管理学院开展 AACSB 商学院国际认证的可行性进行研究，探讨学院在 AACSB 认证中的优势、难点和对策。

关键词：AACSB 商学院国际认证　可行性研究　AoL 学习质量保障体系

AACSB International，英文全称为 The Association to Advance Collegiate Schools of Business International，中文译作“国际高等商学院协会”，成立于 1916 年，是全球首屈一指的商学院和会计项目非政府认证机构，其教育认证制度之严、标准之高冠居全球，世所公认。取得 AACSB 认证资格代表着一所商学院的最高成就，同时也是商学教育达致世界级水平的重要标志。截至 2019 年 1 月，全球 54 个国家和地区 831 所商学院通过 AACSB 商业认证。

一、开展 AACSB 商学院国际认证的必要性

在一个开放的全球经济体系中，国家间的竞争是综合国力的竞争，归根结底是国际化人才的竞争。高等教育国际化是培养国际化人才的重要途径，AACSB 认证是国际上优质特色商科教育的重要标志，它不仅有助于商学院科学定位自身的使命、愿景、战略，更能实现科研和教学质量的全面提升，有利

---

* 陈雪红，北京信息科技大学经济管理学院，教师。主要研究方向：金融投资、教学法。

于商学院的国际化建设和国际声誉的提高，国内外越来越多的商学院积极推进 AACSB 国际认证。

北京信息科技大学经济管理学院（以下简称“经管学院”）自 2015 年注册成为 AACSB 会员，为了进一步提升人才培养质量和办学层次，学院将推进商学院国际认证作为学院“十三五”的重点工作，和国际化战略的一项重要举措，以全球通用权威的商学院认证体系和标准来规范、引领学院发展。

第一，开展 AACSB 认证是经管学院一项破冰式的工作，为学院带来一次重要发展机遇，具有标志性和引领性意义，也将为学院实现弯道超车提供契机。第二，开展 AACSB 认证是经管学院的一场组织变革，是一项需要学院全员参与、自主设计、推陈去旧，以特色和优势为核心的组织创新。第三，开展 AACSB 认证是经管学院持续的商学院国际标准化组织（ISO）质量管理，学院将遵循 AACSB 完备又严格的认证标准，对学院资源调配、学术产出、课程设置、学位项目，以及各项实践和管理活动——科学研究、网上教学、社会贡献、国际化、创新创业、企业家精神、领导力发展、学科设计和教学法等建立长效的质量控制体系，全面提升学院治理、管理、教学、科研和实践水平。第四，开展 AACSB 认证使经管学院影响力不断提升，通过国际认证，学院希望能到国内外同类院校考察和咨询，希望找到一个参照系同其他院校作横向比较，加入“国际一流商学院”群体，共享优质校友和人脉资源，扩大商学院的行业竞争力和品牌影响力。

二、AACSB 商学院国际认证的现状分析

1. 国内商学院 AACSB 认证现状

截至 2019 年 1 月，国内 24 所商学院通过认证，其中上海市 7 所、北京市 5 所；在通过认证的商学院里，第 23 所通过认证的商学院——上海理工大学管理学院既非“985”也非“211”院校，是国内第一所地方商学院通过认证的典范，大大激励了其他地方商学院通过认证的决心和信心。

除此之外，国内 56 所商学院已成为 AACSB 会员，处在国际认证的进程中。其中，北京地区 14 所商学院取得会员资格，市属高校 4 所。地处北京的部属高校中值得一提的是对外经济贸易大学国际商学院和北京科技大学东凌经济管理学院。对外经济贸易大学国际商学院是在京唯一一所同时通过商科国内

外四大认证（AACSB、EQUIS、AMBA 和 CAMBA）的商学院。2013 年，北京科技大学东凌经济管理学院正式开启国际高等商学院协会（AACSB）认证；2014 年提交资格审查报告并指派认证导师；2018 年 1 月现场访视，2 月 20 日通过首次认证，成为我国大陆地区第 19 家通过 AACSB 认证的商学院。为通过 AACSB 国际认证，东凌经济管理学院进行了一系列的改革措施，重新梳理了学院的使命、战略。构建了学习质量持续改进体系，对教师进行了严格的资质认定和分类，重塑了培养方案和课程体系、测评体系。这一系列的举措帮助学院快速提升办学质量，成为国际化精英商学院大家庭中的一员。

2018 年 10 月 27 日，在上海理工大学管理学院和北京联合大学商务学院倡导下，“高水平应用型高校商学院国际化建设研究联盟”成立，60 余所商学院参加成立大会，国内数十家媒体报道，影响巨大。

2. 北京市属高校国际认证现状

截至 2019 年 1 月，北京市属高校中 4 所商学院成为 AACSB 会员；在 2018 年各类认证和国际化研讨会中，7 所商学院参会并积极发言交流。市属高校国际认证做得比较好的是北京联合大学商务学院，自 2013 年启动 AACSB 认证、2014 年获得认证资格，经过 6 年的建设，目前处于认证的后期，预计 2020 年会通过认证。这所北京市应用型商学院（以本科教育为主）在严格执行标准、全面建设商学院过程中积累了丰富的认证经验，在国际化、创新创业、培养商业英才、服务北京市发展等方面取得明显成绩，获得了 AACSB 官方的认可，在国内 AACSB 认证领域被多名认证导师点名称赞。其“对标国际基准促进内涵发展建设新时代国际化商学院”范例吸引了国内各地商学院的眼球，大大提升了北京联合大学商务学院的影响力。

三、北京信息科技大学经济管理学院开展 AACSB 认证的可行性分析

经济管理学院是北京信息科技大学办学规模最大的二级学院，拥有经济学和管理学两大学科门类，3 个一级硕士授权学科、8 个二级硕士授权学科、3 个专业硕士学位授予权和 8 个本科专业。经过数十年的建设和发展，学院在人才培养、教学、科研、管理、创新和国际化等方面取得了较大的发展，为开展国际认证打下了良好的基础。

1. 经管学院开展AACSB认证的优势

优势之一：拥有一支实力雄厚的师资队伍，博士比例高。目前学院专任教师123人，博士学位占比60%；享有国务院特殊津贴专家、北京市突出贡献专家和各类优秀人才计划称号的30余名，以及广泛学术和社会兼职、执业资格和实践的教师多名。此外，随着学校学院"'十三五'人才规划"的大力实施，大批年轻、科研能力强、充满活力和创新精神的青年博士加入，这一优势会更明显。

优势之二：科研优势突出、智力贡献强。学院围绕先进制造信息化和服务化的产业需求，突出工管结合，形成了智能决策建模与评价、知识管理与知识工程、信息管理与数据分析、资源与环境管理等富有信息特色的科研学科方向，以张健教授为代表的一批批经管科研团队形成，成果累累，无论是发表论文、出版专著，还是申请专利、主持课题，都取得了较大突破；以张志凤教授为代表的一批经管教师，在注册会计师培训、创业投资等实践领域影响巨大。

优势之三：教学制度严格、教学过程管理较好。在"强化本科教学中心地位，全面提升人才培养质量"指导思想下，学院全面贯彻成果导向教育（OBE）理念，以学科专业调整和特色专业建设为统领，以改革创新人才培养模式为途径，以优秀教学团队与师资队伍建设为基础，以构建具有信息特色的教学管理体制和运行机制为重点，全面推行本科教学改革，实施教与学全流程的管理与质量评价。高考招生、新生入学教育、专业导师制、选课上课考核考试、新教师招聘与入职培训等方面都制定科学完善的制度和流程，做到教学管理有章可循。

2. 经管学院开展AACSB认证获得的其他支持

学院将AACSB认证列为"十三五"战略规划，大力推进国际认证；学院领导高度重视，积极支持；越来越多的教职员工了解和熟悉认证，特别是一些新入职、英语好、有出国留学经历的年轻教师加入，保证认证每个步骤的顺利进行。

自2017年以来，教务处以校内专项形式给予经管学院国际认证支持，2018年和2019年支持力度加大，每年30万元左右，主要用于"认证战略规划、方案设计、标准学习与培训、学习质量保障（AoL）体系"等方面，极大地推动学院国际认证工作的全面展开。

四、北京信息科技大学经济管理学院开展 AACSB 认证的重点和难点

作为全球三大国际认证之一的 AACSB 认证，由于认证的高标准及高要求，认证过程充满难度，尤其是中美两国在文化和高等教育制度方面存在较大差异，更增加了中国商学院通过认证的难度。

1. 标准 15：教师资格与参与

AACSB 认证公认的两大难点之一——教师资格标准，分类指标主要为学位、智力贡献和社会实践情况。按照官方标准，AACSB 将合格师资分为四类：第一类为拥有博士学位的科研型教授（SA）；第二类为拥有博士学位的实践型教授（PA）；第三类为拥有硕士学位的科研型教员（SP）；第四类为拥有硕士学位的实践型教员（IP）。这四类教师占比应大于 90%，其中第一类 SA 应大于 60%。

目前，经管学院同 AACSB 认可的合格师资尚有差距。现专任教师中拥有博士学位的教师比例刚好达标；科研发表整体情况较好，但平均水平不佳，一部分教师既无科研论文和课题，也无商科实践，AACSB 第五类师资（OTHERS）大于 10%。这就需要学校下移管理重心，允许学院在新教师招聘、人才引进、现任教师聘任考核和薪酬设计中拥有更多的人事裁度权；大力支持和鼓励不达标师资攻读博士学位、发表论文、到公司实践；对部分不达标师资实施转岗或岗位轮换。

2. 标准 8：培养方案管理与学习质量保证体系

AACSB 认证公认的第二个难点就是学习质量保障（AoL）体系的构建与运行。根据 2013 版标准，AoL 体系包括“建立学习目标与能力目标”“校准课程方向以符合学习目标”“决定检测课程及评量方式”“收集、分析、公布学习评量资料”，并“形成持续改进的闭环系统”，旨在形成一套便于动态跟踪、实时改进的长效教学过程管理机制，以及一个有利于持续改进提高的闭环式教学质量保障运行体系，从而保障商科人才培养质量。AoL 体系涉及的标准多、环节多、时间长、工作量巨大，需要同一门授课教师以课程组方式对“使命”下培养目标和学习目标强支撑的课程进行至少两年的 AoL 检测，以证明教和学达成了目标。

目前，经管学院的教学管理缺乏顶层设计，教学过程管理存在目的和任务不明确、管理不规范、评估体系不完善，缺乏绩效检查和持续改进，未能形成有效的学习质量闭环系统等问题。例如，对学生学习效果主要是授课教师自己通过作业和考试进行检测，主观性较强，难以反映真实的教与学和学生学习目标的达成情况。因此，要顺利推进 AACSB 国际认证，需要学院在构建和运行 AoL 体系上花大力气；还需要学校教务处对经管学院教学管理开辟“绿色”通道，对 AACSB 相关 AoL 规定与现有教学管理规定冲突的地方允许“特事特办”；购进 AoL 教学管理与检测系统软件，帮助 AoL 检测课程实施 AoL、完成评价报告；大力支持 AoL 检测课程的教师参加国内外培训，并给予物质和精神奖励。

3. 全体利益相关者参与认证

AACSB 标准中数次提到“利益相关者”，要求这些内外部的利益相关者参与到商学院的治理中，例如，AACSB 要求在商学院使命和愿景的制定过程中所有利益相关者参与，AoL 学习目标达成度评测中需要更多来自雇主、企业外部评测数据，等等；“利益相关者”是指与商学院运营行为和后果具有利害关系的群体或个人，包括商学院教职员工、学生、学校、校友、雇主等。此外，AACSB 奉行的是那种崇尚学术自由、开放共享与创新的国际化办学理念，强调“自下而上”的决策与治理，这一理念贯穿到 15 条标准的执行中。

北京信息科技大学经管学院自 2015 年启动认证以来，每年都在学院召开认证培训大会，也通过各种渠道进行相关宣传和知识普及。但是，由于种种原因，还有相当一部分教师和员工对认证不了解、不关心、不支持；目前，学院 AACSB 认证基本还处于“自上而下”强力推行部分工作和任务的情况。AACSB 国际认证是一项组织变革运动，涉及全体利益相关者的切身利益，因此学院需要采取各种有效措施，调动各方面的积极性，才能保证认证的顺利开展。首先，从学院领导开始，到系主任和专业负责人，再到教师和员工，逐级选派到国内外参会，让更多的人参与到认证中；其次，认证初期就要选派部分教师参加认证培训，鼓励青年教师参加认证各阶段报告的撰写中，与学生处、团委等部门紧密合作，以“有奖征集”“知识竞赛”等形式在在校学生中宣传与推广认证；最后，成立学院校友工作领导小组和战略咨询委员会，每年定期召开校友会，邀请更多的校友参加学院建设和国际认证。

4. 充裕的资金支持

AACSB是三大国际商科认证中标准最高、认证最严、时间最长的国际认证。整个认证流程进行下来，需要耗时5~7年，每年需要缴纳会费、各个环节认证费，支付导师和专家到校的往返机票以及相关接待费用。此外，AACSB官方每年在全球各地召开各种标准培训、年会和商学院院长副院长研讨。为了保证充分的信息和交流，学院每年至少要参加四次重要的AACSB会议，即全球年会、亚太年会、院长研讨会和AoL培训会议。根据国内商学院的已有经验，进入AACSB正式认证流程后学院每年至少需要数十万的资金支持，单靠学院自身财力是无法满足的，因此需要学校财务处、国际交流合作处和国际交流学院对AACSB出国参会或培训计划、外汇缴费和出国费用报销等事宜给予大力支持。

五、结束语

AACSB认证为地方商学院实现“弯道超车”提供契机，北京信息科技大学经济管理学院应在“使命驱动”下按照15条认证标准和要求，充分发挥自身优势和特色，整合各类资源，突破现有管理制度、师资、学习质量保障和资金的束缚，大胆创新、积极实践，把学院建成标准化、高质量和国际化的商学院。

参考文献

[1] AACSB International. 2013 Eligibility Procedures and Accreditation Standards for Business Accreditation [EB/OL]. 2018-07-01. https://www.aacsb.edu/-/media/aacsb/docs/accreditation/business/standards-and-tables/2018-business-standards.ashx?la=en&hash=B9AF18F3FA0DF19B352B605CBCE17959E32445D9.

[2] 贾莉莉，苏岐英. 美国AACSB卓越商科教育质量认证的特点与启示[J]. 上海教育评估研究，2016，6 (3).

[3] 杨宜，翟晶. 国际认证视角下的高校教学质量保障体系建设[J]. 北京教育（高教），2014 (Z1).

[4] 刘松鸽，张洁. 商学院内部教育质量保障体系建设的研究——基于AACSB认证的视角[J]. 上海管理科学，2014，10 (5).

[5] 许霞，王颖．基于AACSB认证的商院青年教师成长机制研究［J］．科技经济导刊，2016（24）．

[6] 张洁，刘松鸽．国际认证指导下的商学院实践型师资队伍建设研究——以上海财经大学商学院为例［J］．上海管理科学，2015，10（5）．

高等商学院大学生书面沟通能力评价量规的构建与实践*

郑春芳**

摘要：《普通高等学校本科专业类教学质量国家标准》以定性方式描述了人才培养的各项能力要求，而商学院专业的社会科学属性使得人才质量的衡量难度加大。在 AACSB 国际认证的背景下，北京联合大学商务学院国际经济与贸易专业构建了大学生书面沟通能力评价量规，通过 5 个具体测量元素对本专业两届所有学生进行了两轮检测。通过对比量规的两轮检测实践，发现检测量规侧重表达能力，并不能完全反映沟通能力。因此，将测量元素调整为 3 个，增加沟通能力的测量元素，进行第三轮检测。通过不断调整、修正，逐步探索出一套可测量的、合理的沟通能力的检测量规。

关键词： 量规　沟通能力　评价　书面　商学院

2018 年 1 月 30 日，教育部发布了我国第一个高等教育教学质量国家标准《普通高等学校本科专业类教学质量国家标准》（以下简称《国标》），重点强调人才培养质量和标准的重要性。《国标》以定性方式描述了经济与贸易类大学毕业生应具备思想道德素质、身心素质、科学文化素质和专业素质四个方面的素质和各项能力要求，其中，科学文化素质中包含要具有良好的文字及语言表达能力。

---

* 本文是教育部 2018 年第一批产学合作协同育人项目“跨境电商背景下国际贸易本科专业课程体系改革研究”（项目号：201801148002）和 2019 年北京联合大学人才强校优选计划 – 跨境电商零售进口增值税征管模式研究（项目号：BPHR2019CS02）的阶段性成果之一。

** 郑春芳，北京联合大学商务学院，教授，经济学博士，国际经济与贸易专业负责人。主要研究方向：国际贸易理论与政策、跨境电子商务。

“欧洲教育调整计划”研究小组经过两次对各种利益相关者进行大规模问卷调查，采用多维度测量方法对调查结果进行定性和定量的研究分析，通过对其关键性一般能力的描述，最终确定了构成商科“三级”学位能力的指标体系。进入“欧洲教育调整计划”加盟院校的大学毕业生必须具备一般能力和学科特定能力。其中，表达及交流沟通能力是商科大学生能力要求的六个关键指标之一，是商科大学生必须具备的基本素质，与专业无关，具有可迁移性。

国际高等商学院协会（AACSB）认证（The Association to Advance Collegiate Schools of Business International）2013 版认证标准中，清晰界定了 8 个商科学生应具备的一般技能领域。其中，第一个技能领域就是关于书面和口语交流，商科大学毕业生应能进行有效交流。可见，沟通交流能力是全球商科大学毕业生应具备的最基本的能力和素质。

但是，商学院专业具有的社会科学属性使得人才质量的衡量难度加大。如何将《国标》要求的沟通能力细化为可测量的具体标准体系就成为关键问题。量规译自英文“rubric”，是一种结构化的定量评价标准，往往是从与评价目标相关的多个方面详细规定评级指标。由于量规具有操作性好、准确性高的特点，可以有效降低评价的主观随意性，因而逐渐在教学测评中得到推广。本文主要是在北京联合大学商务学院 AACSB 认证背景下，研究和设计书面沟通能力的检测量规及具体实践。

一、相关研究述评

我国学界对量规（gauge）的研究早在 20 世纪 50 年代就开始了，主要是在工科计量尤其机械工程的测量方面。而对量规（rubric）在人文社科领域，尤其是教育领域评价指标的研究是从 21 世纪开始的。

研究初期，也就是 2005 年之前，国内学界主要研究量规的基本原则、方法、特点、功能等基本理论内容和基本研究框架。如闫寒冰、祝智庭（2001）结合信息化教育指出，设计评价量规要遵从三条原则：要根据评价目的设计评价指标、根据评价目的的侧重点确定各评价指标的权重，以及具体的描述语言要具有可操作性。钟志贤、王觅和林安琪（2004）系统地提出了量规的定义、特点与功用，描述了量规的设计与开发步骤，讨论了发挥量规效用的方法，展示了量规范例，从而为全面理解、开发和使用量规提供了一个基本的理论与实践框架。

2005 年以后，国内对量规的研究主要是结合具体的专业、课程和能力，设计教学评价量规。如钟志贤、曹东云（2007）开发了网络协作学习评价量规，周小勇和李征（2010）结合大学英语教学，提出开发和应用量规应该注意的一些问题以及有效量规的 4 个标准，刘辉（2011）结合会计学精品课程，陈伟、戴祐坤和丁国昌（2012）针对大学生社会责任感，王绍青（2014）结合大学生廉洁观，陈慧敏（2017）结合导游讲解模拟教学，曾晓慧（2018）结合网络互动 WebQuest 模式，叶秀琪（2018）针对大学生跨境电子商务创业能力，都提出了相应的具体教学评价指标体系或能力评价量规。

二、商学院大学生书面沟通能力评价量规的构建

本文根据北京联合大学商务学院大学生人才培养目标的能力要求和特点，以国际经济与贸易专业为例，按照所需评价的商学院大学生沟通能力的学习目标——明确评价标准与评价等级——确定书面沟通能力的测量载体、具体测量元素和测量方法——确定具体观测点、设计不同评价等级的具体标准——实施量规的第一轮应用并提出改进措施——实施量规的第二轮应用，并对比分析两轮评价结果，实现沟通能力检测闭环的研究路径，构建并实践商学院大学生书面沟通能力评价量规体系。

（一）明确商学院大学生书面沟通能力的学习目标

根据教育部发布的《普通高等学校本科专业类教学质量国家标准》、结合北京联合大学应用型和城市型的办学定位、京津冀区域商务人才市场需求特征、北京联合大学的学生生源特点、商务学院自 2013 年 6 月开启 AACSB 认证确定的“践行社会责任、推动应用创新、培养商界骨干、服务区域发展”认证使命以及 AACSB 认证构建的“使命驱动，持续改进”教学质量保障体系等因素，确定商学院大学生的沟通能力学习目标为“具有有效沟通能力”，并进一步确定两个可检测、可测量的子学习目标，分别是“能够口头表达观点和传递信息”和“能够通过书面报告表达观点和传递信息”。该目标是在 2015 版 2017 级以及 2017 版人才培养计划中有明确体现和表述的，是大学生毕业五

年后应达到的能力目标。

（二）明确沟通能力的专业评价标准与评价等级

在确定了国际经济与贸易专业大学生具有有效沟通能力的检测目标后，要确定沟通能力的评价标准。经过调研走访国内已经通过 AACSB 认证的大学、国外通过 AACSB 认证的大学的培养能力目标以及大量的文献研究、参加国内外教学研究会议研讨，专业教师讨论，等等，确定了北京联合大学商务学院国际经济与贸易专业大学生沟通能力的两个可测量的子学习目标，即能够口头表达观点和传递信息、能够通过书面报告表达观点和传递信息。在此基础上，明确子学习目标的评价标准，以书面沟通能力为例，即能够运用规范的书面信函、报告、论文等形式传递沟通信息。根据评估等级是有区别的且评估标准必须是易理解的、描述性的原则，给出了不合格、合格和优良三个等级的评价标准，如表 1 所示。

表 1　具有有效沟通能力的专业评价标准及等级

学习目标	子学习目标	评价标准	不合格（0～59 分）	合格（60～79 分）	优良（80～100 分）
具有有效沟通能力	能够口头表达观点和传递信息	能够正确运用国际商务沟通技巧和策略口头表达沟通信息，达到较好的沟通效果	不能运用合理的商务沟通策略和技巧表达思想，不能达到沟通效果	基本能够运用常见的口头沟通策略和技巧传递沟通信息，基本能达到沟通的目的	能够较好地运用口头沟通策略和技巧传递信息，能够较好地实现沟通目的
	能够通过书面报告表达观点和传递信息	能够运用规范的书面信函、报告、论文等形式传递沟通信息	不能合理运用书面语言传递沟通信息，无法达到沟通效果	基本能够运用书面语言传递沟通信息，基本能达到沟通的目的	能够较好地运用书面语言表达思想、传递信息，实现较好的沟通效果

（三）确定书面沟通能力的测量载体、具体测量元素和测量方法

商学院大学生有效沟通能力的培养有多种途径，如第一课堂，绝大多数课程的平时考核都有演讲展示、课程小论文或者课程报告；第二课堂的大学生暑

期社会实践、全国商业精英挑战赛、大型活动的志愿者、申报全国大学生“启明星”创业项目、“挑战杯”校外学术科技作品项目，等等。北京联合大学国际经济与贸易专业通过《毕业论文》作为书面沟通能力检测载体。

一个有效的量规需要包含所有重要的元素（评价指标），并且，元素应该是不可分解的。以国际经济与贸易专业《毕业论文》为例，遵照专业层面的评价标准，制定出可实施的具体检测标准。通过毕业论文正文，检测学生通过书面报告表达观点和传递信息的沟通能力。具体测量元素也有5个，分别是：介绍写作对象和目的（权重10%）、观点和内容结构的逻辑性（权重30%）、写作内容的深度（权重20%）、论据是否支撑论点、是否充分（权重30%），以及语法、拼写、句法是否正确（权重10%），如表2所示。

表2　通过《毕业论文》检测学生书面沟通能力的量规

能力	评价项目	评价分数	评价内容
通过书面报告表达观点和传递信息能力（100分）	介绍写作对象和目的（权重10%）	优良8~10分	写作对象和目的非常明确
		合格6~7分	写作对象和目的较明确
		不合格<6分	写作对象或目的不明确
	观点和内容结构的逻辑性（权重30%）	优良24~30分	逻辑非常清晰：不同段落意思表达非常连贯，详略得当，有清楚的引言和结论
		合格18~23分	逻辑较清晰：段落间意思连贯，大多数意思之间有较好过渡
		不合格<18分	缺乏逻辑：段落间不连贯，和/或缺少过渡
	写作内容的深度（权重20%）	优良16~20分	表达的观点很有深度
		合格12~15分	表达的观点较有深度
		不合格<12分	表达的观点较浅显
	论据是否支撑论点、是否充分（权重30%）	优良24~30分	论据完全支持论点，资料来源恰当一致
		合格18~23分	论据支持观点，有资料来源但有不一致的情况
		不合格<18分	论据不充分，和/或没有资料来源
	语法、拼写、句法是否正确（权重10%）	优良8~10分	意思表达流畅，几乎没有语法、句法和拼写错误
		合格6~7分	有少量语法、句法和拼写错误
		不合格<6分	语法、句法和拼写错误多，造成句子意思不易理解

每名学生的检测都是由 3 ~4 名教师构成的检测小组进行，检测教师根据表 2 中的指标，逐项给学生的书面沟通能力打分，3 ~4 名教师各项评分的平均分就是该学生的各项最终得分。

三、商学院大学生书面沟通能力评价量规的实践

在构建了商学院国际经济与贸易专业大学生具有有效书面沟通能力的评价量规之后，针对大学生书面沟通能力进行了两轮检测实践。

（一）实施书面沟通能力量规的第一轮应用并提出改进措施

2016 ~2017 学年第 2 学期，沟通能力检测团队成立，由 12 名专业教师组成，选取 2013 级国际经济与贸易专业大学生 54 人，检测比例为 100%，进行第一轮检测。书面沟通能力预期目标为：优良率达 30%；合格及以上比率达 95%；平均分：70 分。第一轮检测结果显示如表 3 所示。

表 3　　具有书面沟通能力第一轮检测结果

项目	优良人数（比率）	合格人数（比率）	不及格人数（比率）	平均分（分）
结果	42 人（77.78%）	12 人（22.22%）	0	83

从总体上看，本次学生在书面报告表达观点和传递信息能力的检测成绩达到了预期目标。具体地，从优良率上看，学生的检测成绩符合预期目标，优良率的预期目标为 30%，实际优良率达 77.78%。合格及以上比率的预期目标为 95%，实际达到了 100%。平均分 83 分，达到了预期目标 70 分。这说明学生通过书面报告表达观点和传递信息的能力达到了课程教学的整体要求。但是，5 个评价项目的优良率最低 37.04%，最高 88.89%（见表 4）。分析这么高的优良率的原因，排除掉 2013 级有全英语实验班生源好的因素，很有可能是预期目标定的低。另外，第 3 个评价项目“写作内容的深度”优良率仅为 37.04%，远远低于其他评价项目的成绩。

表 4 书面沟通能力的检测成绩详细分布

能力	评价项目	优良人数占比（%）（80～100 分）	合格人数占比（%）（60～79 分）	不合格人数占比（%）（0～59 分）	平均值	标准差
能够通过书面报告表达观点和传递信息	介绍写作对象和目的（满分 10 分）	74.17	25.93	0	8	0.63
	观点和内容结构的逻辑性（满分 30 分）	61.11	38.89	0	24	1.89
	写作内容的深度（满分 20 分）	37.04	62.96	0	15	1.40
	论据是否支撑论点、是否充分（满分 30 分）	50	50	0	24	1.88
	语法、拼写、句法是否正确（满分 10 分）	88.89	11.11	0	8	0.55

针对第一轮检测结果，本专业经过讨论，提出以下改进措施：

（1）在本专业开设的专业课程中，加大课外专业资料的推荐阅读。在专业课程的课程论文和专业综合实践课程中的论文写作环节，加强学生论文写作能力的训练。《国际贸易实务》《跨国公司经营与管理》《国际贸易理论》等专业课程的课程论文作业和《专业综合实践》课程中的论文写作环节中，加大了推荐阅读的专业学术文章、报刊阅读，加大学生的阅读量，使其观点更有深度、分析更深刻。《专业综合实践》等课程着重介绍中英文学术资源网站，为学生写作提供更多的学术文献参考。

（2）第一轮检测结果都达到了预期目标，可能由于原定预期目标较低，第二轮将优良率预期目标提高至 35%。

（二）实施量规的第二轮应用，并对比分析两轮评价结果

2017～2018 学年第 2 学期，能力检测团队选取 2014 级国际经济与贸易专业大学生 47 人，全部进行第二轮检测。第二轮检测结果如表 5 所示。

从总体上看，本次学生在书面报告表达观点和传递信息能力的检测成绩合格及以上比率 100%，达到了预期目标，但优良率 25.52%，低于 35% 的预期目标，且低于第一轮检测结果。平均分 76.4 分，达到了预期目标 70 分，也低

于第一轮检测结果。究其原因，一方面，在第一轮检测后，检测团队提高了对学生书面表达能力的考核标准，对学生写作深度提高了要求，加大了论文定量分析能力的评价考核；另一方面，2014 级没有全英语实验班，生源也是因素之一。

表 5　　具有书面沟通能力二轮检测结果对比

轮次	抽取检测学生数	优良人数及比率	合格人数及比率	不及格人数及比率	平均分（分）
第二轮	47 人	12 人（25.52%）	35 人（74.47%）	0	76.4
第一轮	54 人	42 人（77.78%）	12 人（22.22%）	0	83

四、商学院大学生书面沟通能力评价量规的调整

分析两轮检测结果还发现，较高的优良率还源自量规设计的不足。书面沟通能力的专业层面量规设计为“能够通过书面报告表达观点和传递信息”。这个量规过于强调表达能力，5 个评价项目也更多的是关于表达能力。表达能力不等同于沟通能力，单向陈述式书面表达能力不能完全反映书面双向沟通能力，不能全面地反映书面沟通能力。因此，有必要调整检测量规，使之更具科学性。

1. 增设书面沟通能力检测环节

通过检测《商务沟通实训》课程中学生商务信函写作，弥补前两轮重单项表达轻双向沟通的不足。

2. 调整评价项目

为了能够客观评价学生的书面沟通能力，在第三轮检测实践中，通过书面报告表达观点和传递信息能力的评价元素改为 3 个：观点和内容结构的逻辑性、论据充分性和资料来源的权威性，以及写作内容的深度，权重分别为 40%、40% 和 20%。

北京联合大学商务学院将继续探索更科学的量规，随着第三轮“具有有效书面沟通能力”检测的实施、分析和总结，将继续更好地检测、评价商科

大学生书面沟通能力。

参考文献

[1] 闫寒冰，祝智庭．面向信息化教育的 CAI 评价 [J]．外语电化学，2001 (4)：59－63.

[2] 钟志贤，曹东云．网络协作学习评价量规的开发 [J]．中国电化教育，2004 (12)：49－50.

[3] 钟志贤，王觅，林安琪．量规：一种现代教学评价的方法 [J]．中国远程教育，2007 (10)：43－46.

[4] 周小勇，李征．量规：大学英语教改背景下的新型评价工具 [J]．黔南民族师范学院学报，2010，30 (5)：55－58.

[5] 刘辉．将评价量规引入会计专业精品课程中的探索 [J]．经济视角，2011 (12)：107－109.

[6] 陈伟，戴祐坤，丁国昌．基于隐性量规的大学生社会责任感评价与教育优化 [J]．云南农业大学学报（社会科学版），2012，6 (2)：57－60.

[7] 王绍青．基于隐形量规评定的大学生廉洁观教育优化 [J]．佳木斯职业学院学报，2014 (9)：122－123.

[8] 陈慧敏．量规在高等教育旅游管理专业教学中的应用——以导游讲解模拟教学评价为例 [J]．湖北经济学院学报（人文社会科学版），2017，14 (5)：153－155.

[9] 叶秀琪．大学生跨境电子商务创业能力评价指标实证研究 [J]．长春大学学报，2018，28 (11)：32－36.

[10] 曾晓慧．WebQuest 模式下评价量规的建构 [J]．科技经济导刊，2018，26 (6)：98－99.

[11] 赵叶珠，程海霞．欧洲新学位制度下“商科”能力标准及课程体系 [J]．中国大学教学，2016 (8)：89－93.

[12] 中华人民共和国教育部高等教育司编．普通高等学校本科专业类教学质量国家标准（上）[M]．北京：高等教育出版社，2018：29.

商科人才商务实践能力的培养模式与路径研究

郭彦丽*

摘要： 商务实践能力的培养是提升商界骨干人才培养质量的重要环节，本文首先分析了目前商科实践教学中存在的问题；其次针对现存问题，构建了“纵向递进、横向融合”的商科人才专业实践能力培养模式；该模式通过一段时间的实践取得了一定的成效。这一模式将促进商界骨干人才培养目标的实现，并对同类型商科院校实践教学质量的提升具有一定的借鉴意义。

关键词： 商科人才商务实践能力培养模式路径

一、引言

提高教育质量，坚持走以提高质量为核心的内涵式发展道路，是习近平总书记立足我国现代化的阶段性特征和国际发展潮流提出的深刻命题。提高高等学校的教育质量是教育改革发展的核心任务（郑丽，2017），而高等教育的培养目标决定着教育模式的选择与改革（沈玉平等，2019）。AACSB 认证是目前国际上公认的三大最权威的高等商学教育质量认证体系之一，近年来，国内商科院校已经将 AACSB 体系作为质量认证的重要标准。适应 AACSB 认证的要求，北京联合大学商务学院不断反思和优化了人才培养目标，确立了以培养商界骨干为己任的使命和目标。作为一所应用型国际商学院，商科人才商务实践

---

* 郭彦丽，北京联合大学商务学院，教务处副处长，副教授。主要研究方向：IT 服务与供应链管理。

能力的培养是造就商界骨干不可或缺的重要环节。但受限于商科学科特色和行业特征，商科实践教学一直存在缺乏真实场景等现实困难。如何突破现有困境，通过创新教育教学模式，提升商科人才商务实践能力是本文关注的主要问题。

二、商科实践教学中存在的主要问题

1. 商科实践教学体系不完善，实践内容衔接不紧密

商科教育普遍存在重理论轻实践的问题，长期以来因各种现实的原因，理论教学体系完善，而实践教学环节仅作为理论教学的补充，没有形成完整的教学体系。实践教学内容以理论教学为主导，主要职责是完成理论知识的对应练习，不同理论课程所对应的实践内容之间衔接不紧密。这一现象导致学生所学实践知识之间相互割裂，很难形成综合应用能力。

2. 校内实践教学缺乏真实环境，依托校外企业建设的实践基地规模有限，存在接收能力和实习内容受限等矛盾

商科领域的实践活动具有很强的场景依赖性，但作为高校不可能在校内搭建真实的实践环境，即便是可以建设模拟场景，也无法真实反映约束较多且变化多端的真实市场环境，因此，教学内容与企业真实案例脱节（黄曙荣等，2016）。商科实践教学缺乏真实环境的弊端制约了商科人才实践能力的提升。此外，商业企业作为商科人才培养的校外基地，也普遍存在规模有限（牛卫平，2018），同一时间可以接收的学生人数有限，且因商业活动存在风险性，学生实习时间有限，企业不敢交付实习生核心业务，只能安排学生完成较为初级的简单业务，导致学生专业实践能力的提升受限。

3. 第一、第二课堂割裂，理论教学与实践应用衔接不紧密

学校开发各种学科竞赛，旨在通过竞技比赛，提高学生综合应用理论知识解决实践问题的能力，但一般竞赛属于第二课堂，与第一课堂的理论教学存在内容脱节的问题，专业核心课程的学习对典型竞赛的支撑力度不够，学生无法从课程中获得竞赛所需知识支持，而课程中所学又没有适合的应用机会，理论学习与实践应用存在衔接不紧密的问题。

三、商科人才商务实践能力培养模式与路径的探索与研究

（一）实践能力培养模式

为了解决商科实践教学中存在的以上问题，依据北京联合大学“城市型、应用型”大学的办学定位，以商务学院开展 AACSB 国际商科认证为契机，深入研究并梳理了地方商科院校学生专业实践能力的培养过程，本文构建了“纵向递进、横向融合”的商科人才专业实践能力培养模式，如图 1 所示。

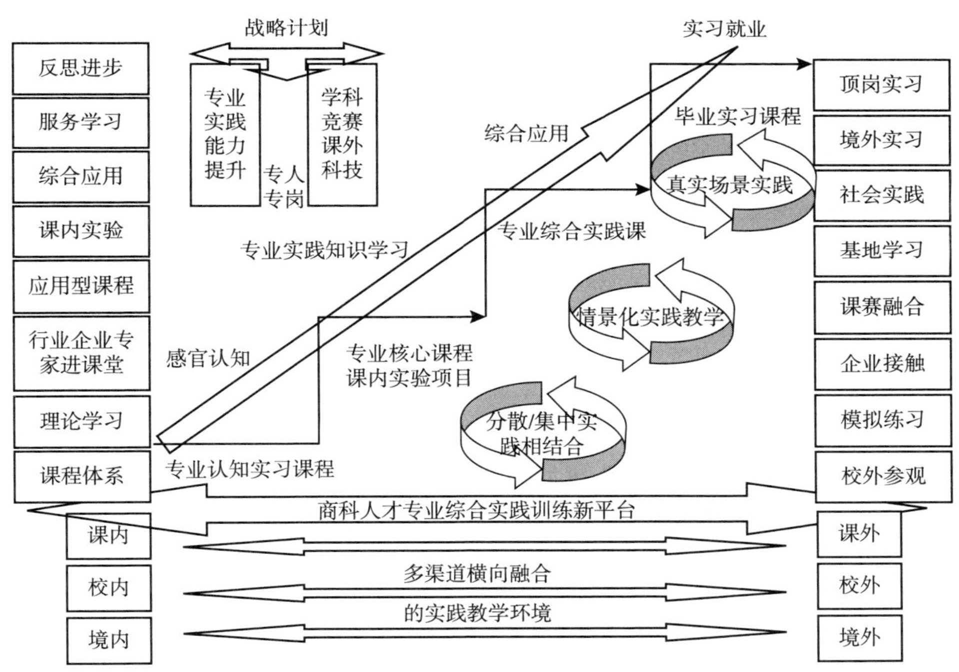

图 1　商科人才专业实践能力培养模式与路径

在该模式中一方面构建了纵向递进的培养路径，形成了系统的专业实践能力培养提升链条。即纵向形成基于课程体系的“以专业认知实习为起点、以专业核心课程课内实验项目为纽带、以专业综合实践为融合、以毕业实习为出

口”的培养路径，通过“感官认知、专业实践知识学习、综合应用、实习就业”逐级递进的系统训练，提升商科学生的专业实践能力。解决了商科实践体系不完整、实践内容衔接不紧密等问题。另一方面搭建了多渠道融合的实践环境，为学生提供真实情境下的实践素材。即横向搭建了“课内 + 课外”“校内 + 校外”“境内 + 境外”的多渠道融合的实践环境。通过在专业核心课程内开发设计课内实验项目、精选实验展示项目、应用型课程立项、实施“行业企业专家进课堂”计划、建设校内外实践教学基地，以及选派学生参加中国香港地区、美国、英国等境内外实习实践项目等，提升了学生基于真实商业情境下解决问题的能力，以期解决商科实践校内缺乏真实环境，校外基地接收能力、实习内容受限等矛盾。

（二）实践能力培养路径

实践能力由一般实践能力、专业实践能力和综合实践能力三部分构成（牛卫平，2018）。商务实践能力培养体系与路径既包含了通用的一般实践能力，也包含专业实践能力和综合实践能力。商务学院在培养应用型国际商务人才方面，重点通过理论教学与实践教学相结合、学生课外科技活动与教师科研相结合、学生专业实践与社会服务相结合的“三结合”培养途径，全面提升学生商务实践能力。具体而言，一方面已形成完善的学生实践能力培养体系，即以认知实习为起点、以专业核心课程课内实验项目建设为纽带、以专业综合实践为融合、以毕业实习为出口的培养体系。该体系较好地实现了从起点到出口的全链条，即“感官认知—专业知识点学习—综合应用—实习就业”的实践能力培养路径。另一方面通过加强“课赛”融合，并结合学生课外科技活动促进学生学习兴趣的提高。与行业企业合作，搭建学科竞赛平台，设计、组织并实施有利于学生将所学知识与解决实际问题相结合的大赛项目，也有效地促进了学生商务实践能力的提升，如图 2 所示。

专业能力的培养以各专业的培养方案为总体设计方案，其培养路径涵盖了专业培养方案中的全部课程梯队，同时在课程执行过程中，辅以课外实践、专业实践、校外实习等多路径，以实现商科学生一般实践能力、专业实践能力和综合应用能力的全面提高。

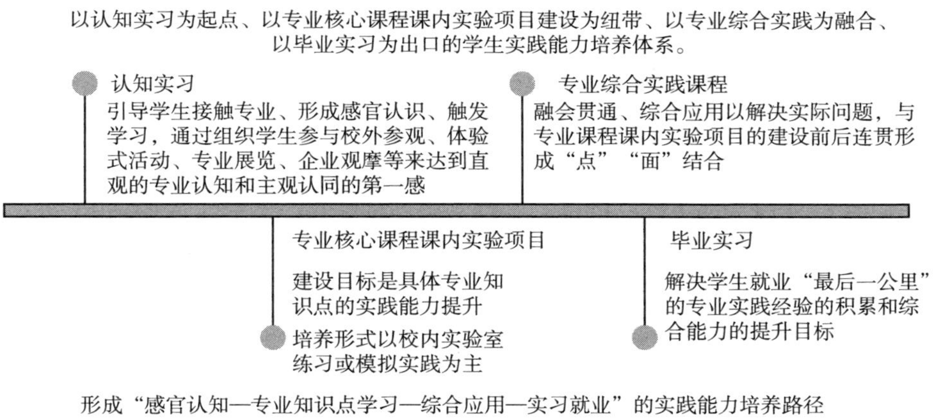

图2　商务实践能力培养体系与路径

1. 基于理论教学的一般实践能力的培养路径

学院构建统一的课程体系框架，通过通识教育、学科教育、专业教育、实践教育、素质拓展五大模块培养学生的一般实践能力和通用商务实践能力，各模块涵盖教育部、学校规定的普通本科生应开设的课程。学科和专业教育方面，以各专业培养方案课程结构为依据，实现逐级推进，即学科大类必修课程—专业必修课程—专业限选课程—专业任选课程（岗位方向课）—跨专业任选课程。其中，学科大类必修、专业必修课程、专业限选课程主要帮助学生掌握专业知识。而实践教育环节，着力培养学生知识应用和实践能力。

2. 从理论到实践的专业实践能力的培养路径

专业实践能力的培养与通用商务实践能力的培养相互融合，前后衔接，形成整体。一方面通过将“理论课程—课程设计或课内实验项目—综合实践—毕业实习”进行有效衔接；另一方面通过“课赛”融合，将理论课程学习与专业学科竞赛相结合，提升学生应用专业知识解决实际问题的能力。此外，各专业积极探索教学方式改革，丰富实验实践项目，并开拓符合专业发展前沿的各类竞赛，为学生成长提供舞台，助力人才培养目标的实现。

3. 课内课外融合、校内校外融合的综合实践能力的培养路径

除了有效利用校内资源外，随着产学研合作的纵深推进以及 MOOC 等网络资源的日益丰富，逐渐开辟了课内外资源融合、校内外不同类型和渠道的教学资源整合途径，通过与校外人才培养基地和实习实践企业合作开发课程资

源、合作开展课堂教学、合作编写教材及教辅材料、合作开展教学研究、合作组织行业竞赛、开展创新创业教育等；并选派毕业生赴合作企业参加毕业实习或企业实践，乃至就业等，实现了“理论课程—实践课程—学科竞赛—企业实践”的商科人才综合实践能力提升路径。

（三）“课赛”融合管理机制

设计“课赛”融合的管理机制（见图3），成立学生科技活动指导委员会，开发学科竞赛管理软件系统，指导学生参加与专业匹配的学科竞赛。通过软硬设施和管理机制的搭建，从专业竞赛资源、师资到学生多方位遴选并指导学生参加与专业核心能力相匹配的学科竞赛及科技活动。通过“课赛”融合提高学生的学习兴趣，并逐步提升学生对专业核心知识的理解与运用能力，解决“课赛”内容脱节、核心课程对典型竞赛支持不足、理论学习与实践应用衔接不紧密等问题。通过“课赛”融合计划，学生科技活动能力也得到了提升。

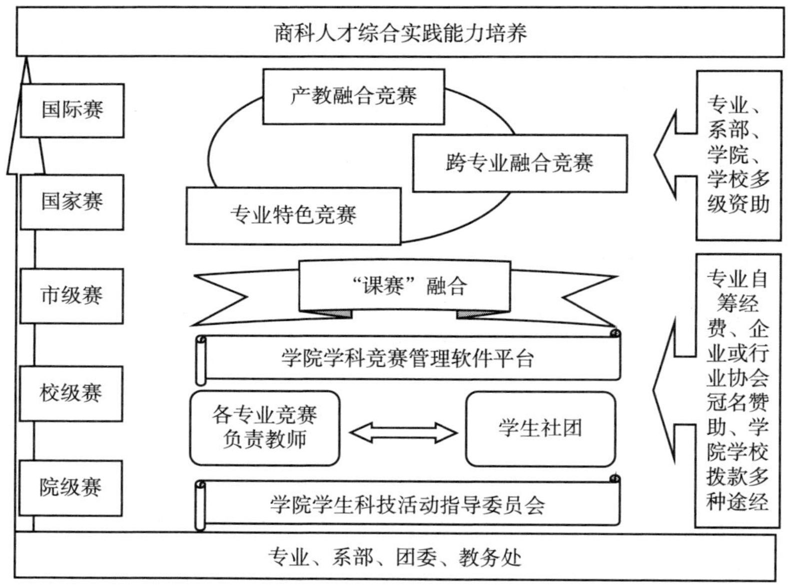

图3 “课赛”融合管理机制

四、商科人才商务实践能力培养成效

1. 作为商界骨干三大培养体系之一，形成了商务实践培养体系

该体系在《北京教育》“定位北京构造立体化商界骨干培养体系”的专题中得到了报道。

2. 开发的实践项目效果显著

“行业企业专家进课堂”计划增强了学生的领域知识，反馈较好。截至2018 年底共 26 门课程开展了此计划，与行业企业建立了长期的合作关系，形成了校企合作开发教学资源和教学案例的良好平台。每项计划执行后，均开展了学生反馈调研，有些学生通过该计划确立了未来在专业领域的发展方向和就业领域，学生满意度达 90% 以上。

“课赛”融合计划的深入开展，提升了学生的综合素质，个性化成就了学生的成长。2014 ~2016 年先后培育了 10 余项竞赛与课程对接，涉及课程 10 余门；到 2018 年实现了常规性赛事及专业特色竞赛与理论课程的全部对接，其中每个专业均有不少于 1 项能够体现专业特色的专业竞赛与专业课程对接。以全国高校企业竞争模拟大赛为例，与《ERP 原理与应用》课程融合，在教学内容中融入了基于企业竞争模拟系统（BIZSIM）实践教学平台的实战训练。且成立了企业模拟社团，从 2013 ~2017 年先后多次获得全国各类奖项。2016 年的学生调研显示 91% 的学生认为通过企业竞争模拟大赛学习到了更多的专业知识。其中有些毕业生通过实践基地实习后就业，实现了创业梦。

3. 培养效果得到人才培养基地及用人单位的认可，提升了社会影响力

为了充分了解校外基地及用人单位对学生能力的评价，2017 ~2018 年学院先后走访了多家校外基地。合作基地及用人单位对商务学院学生的工作表现给予了肯定，普遍认为商务学院毕业生工作中踏实肯干，动手能力和学习能力较强，肯定了学院与校外企业合作开展人才培养的效果。受访单位表示今后非常愿意接收北京联合大学商务学院学生就业。从课程展示和实习报告上看，学生对企业实习表现出比在校实践更为强烈的热情，对实习过程的感受达到了岗位认识和提高专业综合实践技能的目的。

五、结语

实践能力培养是应用型国际商学院培养商界骨干的重要组成部分，也是企业界对毕业生能力要求的重要指标之一。在学院使命驱动下，如何持续优化商科人才商务实践能力的培养体系，并逐步提升培养质量是一个具有现实意义的长期课题。本文中所提到的“纵向递进、横向融合”的商科人才专业实践能力培养模式将在未来的实践中不断优化和提升。这一模式的不断实践和优化，将对商务学院商界骨干人才培养目标的实现，起到一定的支撑作用；同时也将对应用型商科院校提升人才培养质量，提供一定的参考价值和借鉴意义。

参考文献

[1] 沈玉平，董根泰，杨春玲，司言武．融合大学生实践应用能力和创新能力培养模式的探讨 [J]. 高教学刊，2019 (3)：36 – 39.

[2] 郑丽，杨宜，翟晶．国际商科认证视角下学习品质保障 (AOL) 体系的构建 [J]. 黑龙江教育 (高教研究与评估)，2018 (8)：46 – 49.

[3] 黄曙荣，花锋，安晶．以能力培养为导向的计算机专业 Java 课程群建设研究 [J]. 电脑知识与技术，2016 (1)：140 – 142.

[4] 牛卫平．国际经济与贸易专业实务类课程教学体系建设 [J]. 教育文化，2018 (35)：100 – 102.

从班主任视角谈高校毕业生就业工作

——以北京联合大学商务学院为例

邵业沛　丘　莉*

摘要：随着高等教育的迅速发展，高校毕业生人数逐年增多，大学生就业压力越来越大，如何做好就业工作，成为摆在所有高校面前的一个难题。面对这种情况，北京联合大学商务学院构建了就业工作新模式。笔者从班主任视角浅谈高校就业工作及班主任该如何做好就业指导工作。

关键词：高校就业　就业新模式　班主任

一、做好高校毕业生就业工作的重要性

高校毕业生就业工作是一项非常重要的工作，同时也是检验高校人才培养质量的一个环节。就业工作不仅关系着高校毕业生的个人及其家庭，而且关系到学校的发展，进而影响到和谐社会的构建。因此做好高校毕业生就业工作有极其重要的意义。教育部原部长袁贵仁同志在全国普通高校毕业生就业工作会议上指出，高校毕业生就业工作事关广大人民群众的切身利益、事关改革发展稳定的大局、事关高等教育事业的健康发展、事关全面建设小康社会和社会主义现代化。同时，还要求我们应该从实践“三个代表”重要思想的高度，坚持“三个面向”，为社会主义现代化服务，把高校毕业生的就业工作摆在更加

* 邵业沛，北京联合大学商务学院，教务处教务科科长。主要研究方向：教育教学管理。丘莉，北京联合大学商务学院，学生处副处长，高级政工师。主要研究方向：学生思想政治教育、大学生职业规划与指导。

突出的位置，以更大的决心、更积极的态度、更有力的措施、更扎实的行动，切实做好高校毕业生的就业工作。

一方面，从表面上看，好像大学生就业只是学生个人的事，和其他人尤其是和社会无关。其实这种看法非常片面，大学生就业是高校、社会、政府的共同大事，大学生的就业状况最终会影响到整个社会的发展与稳定。

另一方面，高校的根本使命是培养人才，而大学生就业情况是检验人才培养质量的最重要标志之一。如果高校培养的学生就业率低、就业质量差，人民群众对高等教育必然会丧失信心，进而影响他们的高等教育观和对下一代教育的重视程度，最终会妨碍高等教育的健康发展。高等教育承担着为建设小康社会培养高素质人才的重任，没有高等教育的可持续发展，科教兴国战略就难以实现，全面建设小康社会就成为一句空话。

二、高校就业现状及面临的困难

（一）高校毕业生人数逐年增加，就业压力越来越大

近年来，随着高等教育的迅速发展，高校办学规模不断扩大，高校毕业生人数剧增。据教育部提供的数据统计，我国大学生毕业总人数从 2002 年的 145 万人猛增至 2018 年的 820 万人，十几年间，毕业生人数激增将近 5 倍。随着大学生毕业人数的日益增长，以及我国经济形势的发展变化，大学生就业难的问题日益凸显，毕业生就业工作摆在了高校各项工作中比较突出的重要位置。

（二）高校毕业生人才分布不均衡，东西部差异较大

高校毕业生多集中在一些大中城市以及东部地区，毕业后他们也更愿意去大城市寻求发展机会，而不愿意去三线及以下城市和艰苦的地方就业，偏远贫困地区人才紧缺。一些一线城市如北京、上海、广州、深圳等地人才比较集中。从历年来的公务员报名情况就可看出一些端倪，有些大城市的好岗位达到千里挑一甚至万里挑一的现象，与此形成鲜明对比的是，有些偏远地区的冷门岗位却无人问津。不过，随着一些城市落户政策和人才引进政策的出台，相信这种人才分布不均衡的现象会有所改观。

（三）毕业生择业观出现偏差，就业理想与就业现实不匹配

很多大学生刚从学校毕业，对现实工作状况和自身实力估计不足，自认为是“天之骄子”，是社会精英人才，对现实社会就业情况没有客观认识，对自身就业没有科学定位，一味追求高薪工作，不愿意到基层岗位去。正是因为这种择业观出现的偏差，最终造成了“高不成、低不就”的局面。

其实，毕业生就业理想状态是既能体现其社会价值，又能实现其自我价值。能达到理想就业状态的前提是对自己和社会有清醒的认识，在择业过程中有准确定位。

（四）生活水平提高，部分毕业生不急于择业

这是近两年高校就业工作中出现的新情况新问题。现在的高校毕业生都是“90后”，他们的就业观念已经发生了很大的变化，毕业季却不积极找工作，而是要趁机“玩一玩”。这类学生往往家庭经济条件较好，家里并不指望他（她）挣钱，没有什么经济压力，进而也没有就业压力和就业紧迫感。

三、北京联合大学商务学院构建“就业工作新模式”

针对以上就业工作中面临的现状及出现的一些问题，根据学院实际情况，北京联合大学商务学院构建了“就业工作新模式”。这是一种能够全方位动员、责任和目标明确、多渠道获得就业信息、有激励制度的就业工作模式。

（一）“就业工作新模式”的具体内容

围绕一个中心目标：使毕业生成功就业、满意就业。

秉承四化服务：全员化、全程化、信息化、专业化。

坚持五级就业推进模式：学校、学院、各系、毕业班、毕业生。

挖掘五方面就业信息：社会、家长、校友、教职工、在校学生。

建立四种就业激励制度：就业目标责任书、聘任“1+1帮扶先锋”、加大激励力度、扩大奖励受众。

运用五种载体：职业生涯教育、就业指导课程、专家讲座、校友引领、实地体验招聘。

重点关注五类就业群体：家庭经济困难学生、学业不良、零就业家庭、学生党员、外地学生（边疆少数民族）。

以上为北京联合大学商务学院就业工作的总策略和总架构，其中的五级就业推进模式又可具体用表1来说明。

表1　　商务学院五级就业推进模式

机构与人员		对象与分工		就业工作内容与责任
学院	院领导	全院学生	顶层设计	就业目标/就业政策/机构、人员、经费保障
就业中心	就业中心主任	应届/各类	分类指导	就业课程/就业渠道/分类推进/实时动态把握
系	系主任	本系学生	协调推进	毕业环节与就业/实习基地与就业基地统筹协调
专业	专业负责人	本专业学生	跟踪改进	专业建设/课程改革
班级	班主任辅导员	班级学生	精确服务	针对每个学生个性化服务

（二）“就业工作新模式”的优势

1. 目标明确

就业工作的中心目标就是实现毕业生成功就业、满意就业。不但让学生满意，也让家长满意。在这一目标的引领下，学院相关人员心往一处想、劲往一处使，齐心协力把学院的就业工作做好。

2. 责任明确

就业工作是一项非常重要的工作，在“就业工作新模式”中，对就业工作责任划分明确，学院领导、系主任、班主任、毕业生均是就业工作相关责任人，一些重要岗位负责人签订就业责任书，对就业工作做到逐级负责，层层落实，确保就业工作能高质量完成。

3. 全面动员

为了更好促进高校就业工作，除了社会上发布和网络上发布的招聘信息外，还充分利用家长、校友、教职工、在校学生等潜在资源，全面挖掘各方面的就业信息，做到全体动员，尽可能最大程度提供就业信息供毕业生选择。

4. 重点关注

在实际就业推进过程中，重点关注家庭经济困难学生、学业不良、零就业家庭、学生党员、外地学生（边疆少数民族）等几类就业群体。学生党员一般自身就业条件较好，如果能早就业就可以在班级中起到带头就业作用，给其他学生树立一个就业榜样。家庭经济困难、学业不良、零就业家庭及外地少数民族家庭也要重点关注，他们比普通学生有更强的就业紧迫感和必要性。只有把这几种学生就业工作做好，学院的就业工作才能整体向前推进。

在就业工作中，这种就业模式发挥了很大的作用。在近几年中，商务学院的就业率在北京联合大学 12 个学院中稳居第一。

四、班主任如何做好就业工作

高校班主任处在毕业生就业工作的第一线，是高校毕业生就业工作中不可或缺的重要力量。班主任作为和学生接触最多的人，在学生就业工作中有其天然的优势。那么，班主任该如何在“就业工作新模式”下利用这一优势做好就业工作呢？笔者根据自己的经验认为可以从以下几个方面入手：

（一）提前熟悉学生就业意愿，有针对性指导学生

从大学生新生入学到毕业离校，班主任始终陪伴学生的整个大学生活。而学生就业观的形成也是一个渐进的过程。选择就业、考研还是出国，是他们大学四年逐步发展和思考形成的结果，不是临到毕业才决定的。而班主任可以利用这种时间优势，充分利用与学生接触的时间，随时随地了解每一位学生就业意愿的发展和变化，为他们提供有针对性的就业指导。

（二）介绍学院激励政策，确立就业榜样和帮扶对象

在商务学院的“就业工作新模式”中，有对学生积极就业的激励措施，作为班主任可以在就业动员会上向学生介绍，鼓励其积极就业。同时也要利用榜样的力量来促进班级的整体就业，笔者在班级中树立几个就业典型，主要是党员和班干部，他们一般就业比较顺利，签约较早，可以利用几个人来影响整个班级的就业风气，带动其他同学积极主动去找工作。与此同时，也要关注一些就业比较困难的学生，如零就业家庭学生、经济困难学生、外地学生。要做

到一对一指导，重点帮扶，做到不让一个学生掉队。笔者所任班主任的班级最终做到就业率和签约率均为100%。

（三）分析就业形势，端正学生就业态度

进入大四，学生就要为求职做准备了，大部分学生也能积极行动开始准备求职简历等就业材料了，但据笔者的班主任经验来看，有两种情况是需要引起注意点的：第一种情况是，有一小部分学生认为，现在没有毕业证，无法去找工作。找工作是毕业以后的事情，不用着急，等拿到毕业证和学位证再找也不迟。他们认为自己还是一个学生，就业离自己还很遥远。第二种情况是，有部分学生受传统观念的影响，认为找工作一定要找“铁饭碗”，为了面子而一味追求稳定的工作，找工作不顾自身条件，好高骛远，就业想法不切实际。如果有以上两种想法的学生比较多，班主任就要注意引导，可以专门召开一个就业动员会，好好分析一下当前的大学生就业形势，让他们了解自己所面临的状况，结合他们的专业，分析他们自身的择业优势和劣势，激发他们就业的热情，激起他们找工作的欲望，帮助他们树立“先就业，后择业”的观念。总之，一定要改变他们这种错误的认识，让他们积极行动起来，主动去找工作，找适合自己的工作。

（四）介绍就业相关政策，使学生顺利就业

为了帮助学生实现更高质量和更充分、更及时就业，党中央国务院以及各级党委和政府制定出台了一系列有关大学生就业的优惠政策和具体措施。这些政策非常具体和细化，但大部分学生可能都不是很了解，例如，很多学生不了解户籍制度、档案管理、报到证（派遣证）用途，等等。那么，作为在一线就业工作和学生接触较多的班主任，自然有责任有义务向班级全体学生详细介绍这些政策，帮助学生了解、掌握国家有关劳动与就业方面的政策法规、法律知识，使学生能够行使保护自己的权利，明确要履行的义务，从而实现顺利就业。

五、小结

总之，就业是最大的民生。高校毕业生就业事关广大学生及其家庭切身利

益，事关社会主义现代化建设，事关社会和谐稳定。如何解决好大学生就业难题，是需要所有高校认真思考的一个问题。北京联合大学商务学院构建的“就业工作新模式”为毕业生就业工作提供了强有力的支撑和保障，学院上下齐心，全体动员，充分挖掘各种就业信息，使学院就业工作得到高质量的提升。

参考文献

［1］刘辉．新形势下高校毕业生就业工作思考［J］．改革与开放，2018（9）．

［2］耿俊杰等．浅谈高校班主任如果做好大学生就业指导工作［J］．科技信息，2007（1）．

知己知彼，攻克国际认证的难关

——国内地方商学院寻求国际认证的心理调整和文化建设

晏向阳*

摘要：本文从国际商科教育认证起源和发展的背景出发，结合笔者所在的商学院参与国际认证的实践经验，总结其特点，从中国地方商学院的角度探讨了商学院国际化过程中文化差异带来的困难，提出地方商学院在国际化道路上要调整好独立自主的心态，要建设有市场意识的教育文化的观点。

关键词：国际认证　市场观念　自主性　独立性

《中国教育报》公众号发表了一篇名为《商科教育如何与国际接轨》的文章。文中指出，依照国家统计局公布的2011～2015年我国普通本/专科分学科统计的在校学生数据，普通本科中管理学和经济学在校生占比已超过24%，接近总量的1/4，仅次于工学。这说明商科教育在国内高等教育中占据了重要地位。而关于商科教育的发展方向，该文也有明确观点："相比于其他学科，商科教育需要更高的国际化水平。从就业角度看，相关行业从业环境中国际化特点更突出，以留学生就业的最主要去向金融业为例，在2012～2014年出国的留学生中，近1/4的人就业于金融行业，留学人才流入比例之高，说明相对于其他行业，金融行业从业人员背景国际化特点更为突出。从学习深造的角度看，我国选择留学的2017届本科毕业生中，出国学习工商管理学的人群占比高达34.7%，工商管理学成为留学生最主要的专业去向。这些在一定程度上反映出，不仅在就业竞争中，相关行业从业环境中国际化特点更突出，且对商

* 晏向阳，北京联合大学商务学院国际认证办，认证联络员。主要研究方向：教育国际化、英美文学、翻译实践。

科专业有进一步学习意愿的学生对国际化发展的诉求也更强烈。”由此，商科教育更需要国际化接轨的结论更为明确。而寻求国际认证已经成为加速国际接轨的一种重要方式。

笔者所在的北京联合大学商务学院也是最早认识到这一点的商学院之一。早在2013年，商务学院就加入了声誉卓著的国际高等商学院协会（AACSB）。2014年，商务学院正式进入AACSB商科初始认证阶段。经过多年的努力，学院对照认证标准，寻找差距，不断自我提升，取得了一些阶段性成果，但离最终达标还需要作出更多努力。作为追求国际认证的地方商学院的先锋，商务学院在这条艰难的道路上一直鲜有同行的伙伴。为了固化前期努力的成果，也为了跟同行们交流分享现有经验，更多是为了形成一个国际化建设的氛围，促进地方商科教育的发展，商务学院携手地方商学院中率先通过AACSB认证的上海理工大学管理学院发起了“高水平应用型高校商学院国际化建设研究联盟”。2018年10月27日，联盟在北京联合大学商务学院召开了成立大会。参会的60余所商学院来自全国21个省份，绝大多数为地方高校的商学院。虽然大家都抱着对国际认证的浓厚兴趣而来，但其中真正启动了国际认证程序的寥寥无几。即便是在听了已获得认证资格或正在经历认证的商学院院长的经验介绍之后，能表示愿意积极加入的也不多。为什么大家在通过了国内评估的情况下，对于国际认证还是畏首畏尾呢？笔者经过一番思索，结合自己亲身经历的认证工作，从文化源头上来对比一下中外教育管理和评估模式的区别，以期发现国际认证的难点所在，并探寻一个初步的解决方法。

一、国际商科教育评估的产生背景

现代意义的高等教育这个概念是工业革命以后提出来的。因为工业革命后，从古典的精英教育里分离出来了职业教育，而为了有所区别，才把职业教育之外的成人教育称为高等教育。古典精英教育时代因为资源的稀缺，尖端人才的培养本身就是优中选优，教育质量不是人们担心的事儿。19世纪后半叶，在欧美一些完成了工业化的国家中兴起了大学推广运动。这时候的高等教育处于一个迅速发展的阶段。而其中国家对教育质量的管理和监控也就渐渐提上了议事日程。在欧洲，尤其是在当时主导世界潮流的资本主义“领头羊”英国，等级观念仍然很强大。当时英国诞生了大批城市大学（civic university，也称

“红砖大学” red brick university)，虽然并非全都由政府所创立，但仍然需要皇家授权或经过国会批准。所以这些学校的品质等级一开始就纳入政府监管。而大洋彼岸的美国则因为是一个推翻了贵族的自由社会，其运行基础是个体平等的市场经济。这个国家的教育管理权不属于中央的联邦政府，而属于各地方政府。南北战争后，联邦政府为促进高等教育适应工业化发展的需要，通过了莫雷尔法案（Morrill Act），把联邦政府控制的土地拿出来建立工农学院。于是美国在短期内出现了大批赠地学院（land-grant colleges）。这是美国人的独创，是高等教育民主化和大众化精神的体现。正是有了这一基础，美国才最终发展出了最具竞争力的高等教育体系。

美国的赠地学院是完全依照市场经济来运作的。联邦政府虽然拿出了土地，但却仍然对学院的创立及管理无权插手。所以美国人根据它们政治上的三权分立原则，在大学里也搞出了一个政府、校董会和认证机构的“三权分立”。这里的政府是地方政府，多为学院所在州的州政府。州政府自然也无法直接管理每一所学院，它只能通过立法和财政预算来影响公立大学。校董会才是美国人的法宝。不论是公立学院还是私立学院，董事会都是学院的最终决策机构。在市场经济的主导下，美国学院的董事会都是社会知名人士。据有关资料表明，在全美 3200 多所大学和学员中，共有 48000 多名董事，其中多数为工商企业、金融界、法律界和政府的名流①。这些人虽非教育专业人士，属于所谓外行董事会（lay-board），但却为美国高等学院与它们所服务的业界建立了良好而紧密的联系，形成了产学结合的学术共同体。

欧美国家大学都强调学术独立，但美国的学校则连经济也是独立的。它们校董会的重要职责之一就是“找钱”。正是因为美国学校在经济上的相对市场化，它们也最早组织行业协会来对学校进行监管。早在 1847 年，美国医药界就联合成立了自己的行业协会（AMA）来规范医药教育。这是最早的教育认证机构。1885 年，美国第一个地区性认证机构“新英格兰院校协会”成立。随后，其他五大地区性认证机构“中部院校协会”（1887）、“中北部院校协会”（1895）、“南部院校协会”（1895）、“西北院校协会”（1917）和“西部院校协会”（1924）相继成立。而上文提到的 AACSB 也是在 1916 年由哈佛、耶鲁、哥伦比亚等名校的商学院联合成立的。起初，这些认证组织基本上独立

① 王蕊．美国高等教育管理中的政府、校董会、认证机构三权研究［D］．长春：吉林大学，2006.

于联邦政府之外运行。但在第二次世界大战后，随着美国《退伍军人安置法案》（俗称《大兵法案》，G. I. Bill）的实施，联邦政府在高等教育投资 145 亿美元资助 223 万名第二次世界大战退伍军人进入高等院校，极大地推动了美国高等教育的新一轮大发展。为规范这些资金的使用，联邦政府开始要求高校参与认证，并于 1949 年将上述六大区域认证机构联系起来，成立了“全国认证委员会”（NCA）和“全国区域认证机构委员会”（NCRAA）。从此联邦政府与校董会、认证机构的三权制衡正式展开。

而欧洲各国由于有着中央政府的监管，相对独立的学术认证机构直至 20 世纪中期后才出现。1967 年，几个美国哈佛、沃顿等商学院 MBA 项目毕业的英国校友觉得欧洲对 MBA 的价值还不够重视，于是和两个刚从伦敦商学院毕业的校友一起组织了一个团体来争取认同。当时叫商科毕业生联盟（BGA），后来演变成 MBA 联盟（AMBA）。1971 年，欧洲管理发展基金会（EFMD）设立，开始对管理教育进行引领和监管。它们同 AACSB 一起，逐渐成为全球商科认证的三顶皇冠。

由此看来，美国还是高等教育认证的起源地。在美国目前已经形成了庞大的认证网络。其中既有专业性的，也有综合性的；既有全国性的，也有区域性的，现在又发展到了国际性的。在与联邦政府的控制与反控制斗争中，美国认证组织的认可也不断发展。从最初的 NCA 和 NCRAA 发展到后来的“中学后认证理事会”（COPA），再到后来的“高等教育认证委员会”（CHEA），联邦政府终于加强了对认证机构的协调管理和内部问责，以积极应对联邦政府的外部问责。不过，尽管联邦政府对高等教育发展的影响越来越突出，但是仍然不能直接干预各州的高等教育管理事务。它主要通过教育立法、“认可”认证机构来实现对高等教育的外部调控。联邦政府对高等院校也开展了一系列评估（audit），但这些评估主要针对参与联邦资助项目的高等院校的行政和财务状况，而对于高等院校的专业质量和学术水平的评估（accreditation），则主要由认证机构来负责。

而从整个国际认证制度尤其是美国认证制度的形成与发展来看，它们都具有一定市场化、自主性和独立性的特征。这三个基本特点也就直接体现在了它们的认证制度之中。我们以 AACSB 为例来看一下在这些特性下产生的认证标准和流程。

二、国际商科教育评估的特点

关于教育市场化，美国教育学家伯顿·克拉克（Burton Clark）教授根据经济学家查尔斯·林德布鲁姆（Charles Lindblom）的“三市场体系”将高等教育市场分为消费者市场、劳动力市场和院校市场三部分。所谓消费者市场是由有选择高等院校意向的学生构成，劳动力市场由寻求雇用的教师及行政人员构成，院校市场是各种类型的院校，商品是院校大小不等的声誉。这三个市场相互密切关联，循环影响。认证制度与这三个市场的关系也是环环相扣、极为复杂的。而获得认证可以同时提振这三个市场。所以，美国高等院校的认证虽非强制，大家却趋之若鹜。有些认证可能要求过高，于是又会催生出新的认证来适应市场需求。像商科认证在 AACSB 之后，美国又出现了美国商学院认证委员会（ACBSP）和美国国际大学商学院认证委员会（IACBE）认证等。它们或简化认证程序，或缩小认证范围，变得更加“平易近人”。但不管怎么说，拿一个认证成了美国高校的“保命符”。而关于认证组织的认可也就成了 CHEA 的重要职责。

因为这三个市场的重要性，一般的认证标准也把它们当作重点检查对象。像在 AACSB 认证的 15 条中，第一部分“战略管理与创新”包含标准 1 ~ 3，属于学院品牌和影响力建设，是在院校市场方面的提升。第二部分“学生、师资和专业人员”包含标准 4 ~ 7，就涉及的是消费市场和劳动力市场的提升。第三部分的教与学包含标准 8 ~ 12，主要是从教育科学的角度来设置课程、选择教学方法和建立、运行质量保障体系。这其实也是保障消费者（学生）的权益。而最后部分学术与职业参与包含的 3 条标准，主要目标是保障教师和学生的学术水平或专业水平，其实对促进消费市场和劳动力市场及提升学院品牌都是有好处的。

关于自主性，首先，体现在对认证的选择上是自愿的。虽然有前文提到的市场压力，但毕竟参不参与认证及参与何种认证还是院校自己决定的。其次，自主性更多地表现在认证过程当中。以 AACSB 商科认证为例，申请认证的院校首要的是必须自己阐述自己的使命及实现使命的战略措施。也就是说，认证组织并不是高高在上地列出模范商学院的标准来让申请者照做。它只是检查申请院校设立的使命和愿景是否合理，这些战略措施又是否能达成这一使命和愿景。实际上，它扮演的是个协助者的角色。正是这种平等的姿态，让 AACSB 既能够认证全球顶级的商学院，也能够认证普通的地方商学院。认证的前提就是学院要有自我奋斗的长远目标，愿意在认证组织的监督和帮助下自我评估，持续改进。最后，自主性也体现在自我评估上。在最后的现场评估到来之前，认证组织实际上一直都没有直接到现场来对申请院校进行核查，一切皆依赖申请院校的对标反省。由于 AACSB 的认证历程长达 5 ~7 年，这样的自我反省和检查会比较痛苦。没有一定的自主性是难以完成的。

关于独立性，这是由美国的高等教育市场化决定的。正因为高等院校的独立性才形成了这么一个认证的市场。所以参与认证的院校也应该是独立的，即对自己的运营享有相对完整的控制权。这一点弹性较大，比较难以界定。AACSB 原先不怎么接受大学下面的学院独立接受认证，但后来又放松了标准。不过这一点要在学院认证进行到一定程度时才会体现出重要性。

三、国内商学院寻求国际认证心理文化建设

国内的高校体系改革开放前完全是沿袭苏联的体系，属于计划经济时代的产物。那时是以国家经济体制和发展战略为转移，高校成为政府的附属机构而不是行为主体。体现出国家办学的单一体制、以单科性院校为主体的高等教育结构、以人才培养为中心的单一大学职能、培养“高级专门人才”的人才培养理念，以及政府主导、集中计划和科层化基本特点。改革开放后，高等教育在我国开始普及，但高校的计划性和科层化特点并未随着经济的市场化而得到改变。国内所谓“985”和“211”高校就是明显的证明。这当然是教育发展经历的一个必然阶段：集中资源办好一流大学。事实上，目前中国大陆地区通过了 AACSB 认证的商学院也正是这些一流大学占了绝大多数。不过，这种“重点建设也存在身份固化、竞争缺失、重复交叉等问题，迫切需要加强资源整合，创新实施方式。”2015 年 8 月，中央全面深化改革领导小组第 15 次会议审议通过《统筹推进世界一流大学和一流学科建设总体方案》一开始就在总结前期政策的成效基础上确认了问题的存在，从而开启了“以中国特色、世界一流为核心，以一流为目标、以学科为基础、以绩效为杠杆、以改革为动力，推动一批高水平大学和学科进入世界一流行列或前列”的双一流建设。

双一流建设的开启，引入竞争机制，不再唯出身论英雄，正是地方高校参

与高等教育重新洗牌的大好机会。而瞄准世界一流的终极目标则是所有高校和专业努力的方向。地方商学院寻求国际认证就是努力的开始。当然，不论是出于对国际高标准的敬畏，还是对于自身发展方向的不明了都让很多地方商学院对于踏上这条充满荆棘的长征路踯躅不前。而从以下三个方面去努力才可以打消这种踯躅，在国际化道路上大步向前迈进。

1. 确立市场观念，就是培养服务意识

国内院校活在计划体制中太久，缺乏市场意识，也就是对自己的产出没有明确预期。例如，国内院校的招生都是计划分配的。一直以来，各类院校只有招生分数的高低，基本没有生源缺乏的忧虑。直到经过大规模扩招之后，近几年开始面临出生率下降导致的生源数量整体下降，一些底层的地方院校才开始有了招不到生的焦虑。当这些院校开始想要为招生做些宣传的时候会发现自己的确没有任何的优势。也就是说，按照原先照层级分化的管理模式，如果学院安于现状无所发展的话，那作为底层的地方学院当然是首先被淘汰的对象。如今双一流建设的展开，给了地方学院一线生机：借用在市场竞争中产生的国际认证体系，发展自己的特色，培养独特竞争力。只有通过这样的努力，地方商学院才能在激烈的市场竞争生存，甚至可以不断进步，成长为小而精的一流学院。

例如，AACSB 认证要求申请院校首先要有自己的使命和愿景。申请院校必须从自己的实际情形和资源支撑出发，经过广泛调研，结合学生及其家长、毕业生、雇主、地方政府和行业发展等各方面利益相关者的需求才能最终确立自己的使命和愿景。然后将它们作为一切工作的出发点。目前很多院校其实对于自己的产品——毕业生的去向往往不甚明了。他们大多时候只会列出学生毕业时的就业率，但对于他们 5 年后、10 年后的去向基本都没有数据。在认证组织看来，这些就是没有形成完整的教育环节，也势必会影响到教育质量。

2. 充分发挥自主性，积极追求有效的高质量教育成果

没有明晰的发展目标不仅是缺乏市场观念，也是缺乏自主性的表现。学院没有良好的顶层设计，到了教师层面也会同样缺乏长远目光。普通教师也往往会陷于教学的日常琐碎事务中。因为没有对毕业生未来的关注，教师只知道自己教了些什么，却不知道学生毕业后都需要些什么。AACSB 的使命的三大关键词“参与、创新，影响力”中的“参与”就是倡导商学院积极参与到知识的传播和应用中去。如在学习质量保障（AoL）建设中，专业教师会被要求从

学科的泥潭中跳出来，看清楚他们的努力对于学生未来就业与发展起到什么作用。他们所传授的知识在毕业生找工作、升职的时候有没有帮助。在此基础上进行的持续改进将是有的放矢、真正促进学生能力提高的措施。为了达到提升学生能力的目标，教师们可能不仅要自己努力，可能还需要跨学科、跨专业甚至跨行业的协作才能真正让学生学有所成。这一切都要求高度的自主性，而不是被动地接受固定课时的授课任务。

教育部也意识到了计划体制下国内院校发展的同质化，于是在全国结束了水平评估之后，经过一番调研和探索，于 2013 年启动了审核评估。审核评估是在我国高等教育新形势下，总结已有评估经验、借鉴国外先进评估思想的基础上，提出的新型评估模式，核心是对学校人才培养目标与培养效果的实现状况进行评价，旨在推进人才培养多样化，强调尊重学校办学自主权，体现学校在人才培养质量中的主体地位。审核评估虽然没有做到市场化，但开始注重办学的多样性，认同用学校自己制定的“尺子”对自身办学情况进行客观衡量，这已经是对高校自主性的极大鼓励了。

3. 坚持学院的独立性，走创新发展的路

独立性说的不仅仅是经费和人员的支配使用问题，更多是创新的问题。国际认证毕竟是源自美国，发展于西方。想要达到他人的标准，会有很多跟自己原有的体制和传统的做法冲突的地方。双一流的建设，要求我们既要追赶世界一流标准，又要坚持中国特色。而 AACSB 使命中的另外两个关键词“创新和影响力”也鼓励我们走出自己的路来影响别人。例如，AACSB 认证中师资分类标准与国内的职称晋升体制就不完全匹配，这是认证的一个难点，但也可以是一个突破点。如果一个院校能创新地解决这难题，将自己的特色融入对教师的科研导向中去的话，不仅能促进教师的职业发展，同时也能树立学院品牌特色。这点对于地方院校来说尤其重要。无法在资源上跟全国性名牌院校去竞争的前提下，地方院校的生存之道只能是走一条有自己特色的发展之路。

总之，追求国际认证对地方院校来说是一座难以攀登的高峰，是一段充满荆棘的长征。但在当前教育改革的大趋势下，只有不断创新和持续改进才是生存与发展之道。追寻国际认证只是我们的一种手段。所以我们既要在战术上重视它，又要在战略上做好心理调整。摆正心态，迎接挑战才是打开国际认证大门的正确姿势。

参考文献

[1] 商科教育如何与国际接轨 [EB/OL]. 中国教育报, http://www.sohu.com/a/284536705_120074.

[2] 王蕊. 美国高等教育管理中的政府、校董会、认证机构三权研究 [D]. 长春: 吉林大学, 2006.

[3] 龙青云, 曹晓飞. 美国联邦政府与高等教育认证机构关系演变及启示 [J]. 重庆高教研究, 2017, 5 (1): 108-113.

[4] 熊耕. 美国高等教育认证制度的功能分析 [J]. 比较教育研究, 2005 (2): 75.

[5] 贾宝余. 西方大学的传统及其对我国大学发展的影响 [J]. 中国大学教学, 2005 (3): 58-60.

[6] 邹海燕. 从分类评估到审核评估: 院校评估改革的探索之路 [J]. 高等教育, 2017 (8): 29-33.

专业建设与课程体系构建

基于 AoL 视角的应用型本科工业工程专业课程体系建设*

刘勤明　谢　伟　夏丽莎**

摘要：基于 AACSB 认证核心理念和 AoL 运行机制，以上海理工大学管理学院应用型本科工业工程专业为例，对学院使命驱动下的专业学习目标和子目标、课程图谱、课程教学大纲、课程教学管理、课程评价、教学反馈做了深入而具体的分析和探讨，以期对其他应用型高校以国际认证为契机进行的工业工程人才培养课程体系建设提供参考。

关键词：AACSB 认证　AoL　工业工程专业　课程建设

一、引言

近几年，上海市以贯彻落实国务院关于部署加快发展现代职业教育常务会议精神为契机，遵循高等教育规律，引导和促进一批行业特色鲜明、专业设置与职业岗位联系密切的本科专业进一步明确专业定位，围绕应用型人才培养目标，实施专业综合改革试点，提高专业办学水平和人才培养质量。通过建设，提高应用型人才培养质量，增强地方高校服务区域经济社会发展能力。然而，目前我国工业工程专业的课程主要参考教育部普通高等学校本科教学工作审核

---

* 基金项目：第六批上海市属高校应用型本科试点专业建设项目上海理工大学工业工程专业（编号：沪教委高 2018〔65〕号）；上海理工大学教师教学发展研究项目（CFTD192003）。

** 刘勤明，上海理工大学管理学院，工业工程系副教授，博士。主要研究方向：健康管理。谢伟，上海理工大学管理学院，国际化建设办公室认证联络员。主要研究方向：英语语言文学。夏丽莎，上海理工大学管理学院，工业工程系教师，博士。主要研究方向：故障诊断。

评估标准进行教学，尚无相对完善的国际化标准体系可以依据，使其国际化发展受到阻滞。

由美国多所顶尖大学商学院创建的非营利组织国际高等商学院协会（The Association to Advance Collegiate Schools of Business，AACSB）所推行的 AACSB 国际认证，在同业认证中具有“黄金标准”之称。借鉴 AACSB 国际认证中的学习质量保证（assurance of learning，AoL）体系，移植 AoL 理念于工业工程专业的课程体系建设中，对于学习质量全面提升将起到重要的支撑作用。AoL 运行机制主要包括：（1）根据学院使命制定项目培养目标和目标学习成果；（2）根据培养目标设立各项目的课程图谱；（3）调整课程的教学大纲，确保课程的教学目标对应人才培养中的能力指标；（4）确定检测课程及预期目标的考核方式、评价标准；（5）收集并分析相关考核数据信息；（6）根据反馈信息对项目进行调整和改进。

正是这套体系的有效运作，确保了各获得认证和正在接受认证的院校应用型本科教学质量的持续提升。因此，学习借鉴 AACSB 的 AoL 体系建设精髓并加以本土化改造，必将有助于我国高校应用型本科教学质量的持续改进与提升。

二、AoL 视角下应用型本科工业工程专业课程体系设置

（一）AoL 视角下应用型本科工业工程专业课程的 LG 与 LO

学习目标（learning goal，LG）与能力指标（learning objective，LO）需要依据学院使命，结合高等教育宏观发展政策，针对不同的学位项目进行合理设定。在 AoL 理念下，匹配与认领学习目标与能力指标是提升工业工程专业课程质量的关键环节。上海理工大学管理学院工业工程专业课程包含生产与运作管理、工作研究、工效学、设施规划与设计、质量管理等核心课程，学院或系召集授课教师举行教学会议并发表见解，结合课程内容认领相匹配的学习目标与能力指标。表 1 给出了上海理工大学学位教育本科项目的学习目标与能力指标。

表 1　　本科项目学习目标与能力指标

本科项目学习目标	本科项目能力指标
学习目标 1. 能够识别和处理商业管理中的问题	能力指标 1.1　识别商业管理中存在的问题
	能力指标 1.2　正确地分析商业管理中的特定问题
	能力指标 1.3　根据分析情况给出问题的解决方案
学习目标 2. 具有有效的口头和书面沟通能力	能力指标 2.1　能够针对具体商业主题完成满足要求的书面文件写作
	能力指标 2.2　能够针对具体商业主题进行良好的口头沟通
	能力指标 2.3　能够使用英文进行沟通
学习目标 3. 具有批判性和创新性思维	能力指标 3.1　具有全球化视野
	能力指标 3.2　能够批判性地思考商业问题
	能力指标 3.3　面对商业问题时能够展示创新性思维
学习目标 4. 具有团队合作精神	能力指标 4.1　承担团队分工
	能力指标 4.2　理解团队合作行为
学习目标 5. 理解个人与组织在商业管理中的道德准则及社会责任	能力指标 5.1　理解商业道德的概念
	能力指标 5.2　理解企业社会责任的含义

以生产与运作管理为例，由于该课程主要对学生讲授生产选址、质量控制、生产计划等专业知识，需要数学、统计学等多学科知识做基础，强调计算能力，并要求熟悉 Excel 软件。因此，在遴选学习目标与能力指标时，可以将“识别问题”作为重点考察对象，将“选择理论”“课堂参与”作为次重点考察对象。

（二）AoL 视角下应用型本科工业工程专业课程图谱

在 AoL 指导下，课程图谱中课程与学习目的的相关关系由工业工程专业核心课程负责人自行勾选，课程组、学院课程认证委员会等进行把关。上海理工大学管理学院工业工程专业在绘制课程图谱时经过了课程负责人、课程组以及专家的反复论证和研讨，只有这样围绕课程设置进行定期和不定期的交流和探讨，才能将这一科学的课程设置方法加以落实，从而为 AoL 体系的运行提供最基本也是最关键的保障，最终提升教学质量。工业工程核心课程的课程图谱如表 2 所示。

表 2 工业工程专业本科项目课程图谱的绘制

课程/学习目标		核心课程							
		工效学		生产与运作管理		工作研究		质量控制与可靠性	
		LCD	AA	LCD	AA	LCD	AA	LCD	AA
学习目标 1. 能够识别和处理商业管理中的问题	能力指标 1.1 识别商业管理中存在的问题	E	Ql	—	—	E	Ql	E	Ql
	能力指标 1.2 正确地分析商业管理中的特定问题	E，R	QQ	E	QI	E，R	QQ	E，R	Qt
	能力指标 1.3 根据分析情况给出问题的解决方案	A	Ql	A	Ql	A	Ql	A	Qt
学习目标 2. 具有有效的口头和书面沟通能力	能力指标 2.1 能够针对具体商业主题完成满足要求的书面文件写作	R	Qt	—	—	R	Qt	R	QQ
	能力指标 2.2 能够针对具体商业主题进行良好的口头沟通	E，R	Ql	—	—	E，R	Ql	R	QQ
	能力指标 2.3 能够使用英文进行沟通	E	Qt	—	—	E	Qt	—	—
学习目标 3. 具有批判性和创新性思维	能力指标 3.1 具有全球视野	—	Ql	—	—	—	Ql	—	—
	能力指标 3.2 能够批判性地思考商业问题	A	Ql	—	—	A	Ql	A	Qt
	能力指标 3.3 面对商业问题时能够展示创新性思维	A	Qt	—	—	A	Qt	A	Qt
学习目标 4. 具有团队合作精神	能力指标 4.1 承担团队分工	A	Ql	—	—	A	Ql	E	Ql
	能力指标 4.2 理解团队合作行为	A	Ql	—	—	A	Ql	E	Ql

续表

课程/学习目标		核心课程							
		工效学		生产与运作管理		工作研究		质量控制与可靠性	
		LCD	AA	LCD	AA	LCD	AA	LCD	AA
学习目标 5. 理解个人与组织在商业管理中的道德准则及社会责任	能力指标 5.1 理解商业道德的概念	E	Ql	—	—	E	Ql	E	Ql
	能力指标 5.2 理解企业社会责任的含义	E	Ql	—	—	E	Ql	E	Ql

课程/学习目标		核心课程							
		设施规划与设计		企业资源计划		项目管理		组织行为学	
		LCD	AA	LCD	AA	LCD	AA	LCD	AA
学习目标 1. 能够识别和处理商业管理中的问题	能力指标 1.1 识别商业管理中存在的问题	E	Ql	—	—	E	Ql	E	Ql
	能力指标 1.2 正确地分析商业管理中的特定问题	R	QQ	E，R	QQ	E	Ql	E，R	QQ
	能力指标 1.3 根据分析情况给出问题的解决方案	R	QQ	A	QQ	I	Qt	A	Ql
学习目标 2. 具有有效的口头和书面沟通能力	能力指标 2.1 能够针对具体商业主题完成满足要求的书面文件写作	E	Ql	I	QQ	E，R	QQ	R	Ql
	能力指标 2.2 能够针对具体商业主题进行良好的口头沟通	E	Ql	I	QQ	E，R	QQ	E，R	Ql
	能力指标 2.3 能够使用英文进行沟通	I	Ql	E，R	Q2	E	QQ	E	Ql
学习目标 3. 具有批判性和创新性思维	能力指标 3.1 具有全球视野	E	Ql	I	Ql	R	QQ	—	Ql
	能力指标 3.2 能够批判性地思考商业问题	R	QQ	A	QQ	I	Qt	A	Ql

续表

课程/学习目标		核心课程							
		设施规划与设计		企业资源计划		项目管理		组织行为学	
		LCD	AA	LCD	AA	LCD	AA	LCD	AA
学习目标3. 具有批判性和创新性思维	能力指标3.3 面对商业问题时能够展示创新性思维	A	QQ	R	QQ	R	QQ	A	Qt
学习目标4. 具有团队合作精神	能力指标4.1 承担团队分工	E	QQ	E	QQ	A	QQ	A	Ql
	能力指标4.2 理解团队合作行为	E	QQ	R	QQ	A	QQ	A	Ql
学习目标5. 理解个人与组织在商业管理中的道德准则及社会责任	能力指标5.1 理解商业道德的概念	E	Ql	I	Ql	R	QQ	E	Ql
	能力指标5.2 理解企业社会责任的含义	R	QQ	I	Ql	I	Qt	E	Ql

注：课程内容（LCD）——四种类型：入门级（I）；掌握级（E）；深入级（R）；应用级（A）。

评测方式（AA）——三种评测方式：定性测量（Ql），包括：课堂参与（CP）；课堂演讲（P）；学生见面（O）；线上/线下沟通（OC）等；其他________；定量测量（Qt），包括：课堂测验（Q）；考试（E）等；其他________；定性与定量相结合的测量方式（QQ），包括：Ql和Qt，以及报告或论文（R/E）；案例分析（CS）；小组作业（TW）等；其他________。

（三）AoL视角下应用型本科工业工程专业课程的教学大纲

在AACSB认证理念下实现课程学习质量的保证与提升，需要依据已经确定的学习目标与能力指标对陈旧的教学大纲进行调整与修订。调整教学大纲应注意以下三点：（1）修订教学大纲应该从学院的使命出发，对课程培养目标进行清晰定位，让利益相关者能够辨识本科项目、硕士项目及博士项目等不同教育项目的独特性与差异性。（2）工业工程专业各课程在调整新教学大纲过程中，着重注意培养目标不仅要与专业培养目标相匹配，还应完善课程各个设计，阐述清楚与课程相匹配的学习目标和能力指标。（3）阐明期望学生能达到的预期学习成果对应的学习目标和能力指标的教学手段或方法。修订上海理工大学管理学院工业工程专业课程的教学大纲如表3所示。

表 3 修订大纲的注意事项

内容	进程步骤	详细说明
学习目标（培养目标）	1. 制定专业建设项目的学习目标（培养目标）	对工业工程专业制定基于学院使命的学习目标
	2. 制定具体学习子目标	制定工业工程专业学习目标的子目标，即对每个学习目标制定具体的、可以测量的细分子目标
	3. 优化课程体系	根据工业工程专业的学习目标对课程体系进行改进；确保所有具体学习子目标能够通过相关课程实现
	4. 设定评价指标	对每一个具体的学习子目标设置合理的评价指标，建立学习评价指标与课程之间的矩阵关系
学习测评	5. 制订测评计划	制订具体的测量计划，检测学生培养是否达到专业培养目标（如每学期测评哪些学习指标？通过哪些课程进行测评？）
	6. 测评教学效果	按照计划开展和实施测评教学效果
	7. 收集、分析、公布测评数据	汇总、分析数据；公布结果，收集改进建议
持续改进	8. 改进与完善	1. 根据测评的结果和反馈建议制订改进方案和行动计划； （1）内生性因素改革：对专业培养目标的合理性、课程体系设置和课程内容的合理性等进行改进； （2）外部措施改革：通过学生、督导、同行评估，对教师的教学方法或学生管理方法进行改进； 2. 按照改进方案进行新一轮的评估与完善

（四）AoL 视角下应用型本科工业工程专业课程的教学与管理

授课教师应严格参照 AoL 对应的教与学标准，将学科发展规律、人才培养规律与国际认证特色充分融合，调整与修订课程的教学大纲、教学日历，遵循激发学生潜能、确保学生自己特质得以发挥的原则，进行规范的课堂教学、课后师生交流与课外实践指导活动。

首先，工业工程专业教师需要通过制订课程匹配矩阵，在教学日历中增加 AACSB 元素，设计符合课程特点的、系统化的课堂教学程序，翔实记录下各课程对应学习目标与能力指标的实现过程。

其次，采取小组讨论、课程设计和调查报告等参与式的学习方式，开展启发式、讨论式、探究式教学，鼓励学生提高课堂参与贡献度，拓宽学识视野，形成学生的内在控制机制并实现自我管理，从而促进工业工程专业课程的教学改进。

最后，在工业工程专业教学模式的选择上，AoL 体系更强调师生之间、生生之间的课外互动交流，激励学生对碎片化时间进行有效运用，培育创新意识，孕育批判性思维方式，塑造多维度、多样化、全空间、立体式的教学理念，以实现学习目标与能力指标。教师应将科学、高效的学习方法分享给学生，如思维导图学习法、番茄时间法等，提升学生的学习效率与效果。课外交流依托于手机短信、微博、微信、QQ、E-mail 等新媒体网络平台，更利于学生情感的表达抒发与思想的真实展现，对于促进学生能力培养起到显著的推动作用。

（五）AoL 视角下工业工程专业课程的学习效果评价体系

搭建符合 AoL 理念的学生学习效果评价体系，包括考查范围、评价手段和评价标准。其中，考查范围涵盖工业工程专业不同课程选定的能力指标。评价手段包括直接评价与间接评价两种形式。直接评价有结课考试、课堂参与、主题演讲、小组讨论以及案例报告等，间接评价有问卷调查、访谈、小组座谈等，这些评价手段的结果作为确认学生是否达到预期学习目标和能力指标的主要证据。评价标准则为工业工程专业各门课程具体的评分准则，可以分为不同的类别等级（如优、良、中、合格）和分数等级。表 4 给出基于 AoL 理念的工业工程专业课程学习效果评价体系。

表 4　　基于 AoL 的工业工程专业课程的学习效果评价体系

考查范围	评价方式	考核要点	考查方式	评价等级
能力指标 3.1 ~ 3.3 能力指标 4.1 ~ 4.2	课堂测验	问题分析的创新性、小组分工、合作参与、对小组贡献	小组作业、小组讨论	满意、基本满意、不满意
能力指标 2.2 能力指标 2.3	主题演讲	观点阐述、演讲组织、表达	课堂参与	A、B、C、D 等
能力指标 2.1 能力指标 5.1 ~ 5.2	报告或论文撰写	论点阐述、文章组织、观点支撑、语言及语法、格式	案例分析报告	100 分制
能力指标 1.1 ~ 1.3	期末考试	识别问题、定义问题、选择理论、选择工具	课程试卷	100 分制
能力指标 1.1 ~ 5.2	毕业设计	专业知识的综合表达能力	毕业论文	优、良、中、及格

（六）AoL 视角下工业工程专业课程的学习反馈

学生的考核结果需要客观、真实记录学生每个学期课程参与的多方面、多层次数据，上海理工大学工业工程专业教师如实填写小组讨论记录表、报告试卷评分标准、学生成绩分析报告。评估报告的最终形式划分学生所占比例，对比不满意、基本满意和满意学生之间的行为表现差异，与预期设定展开对比，深度分析内在原因，形成 AoL 闭环，并在下一轮学习质量管理工作中进行持续改进。

三、结语

在 AACSB 认证中的 AoL 机制构建的要求下，认领与工业工程专业课程相匹配的学习目标与学习子目标，进而科学、合理地调整课程教学大纲，优化工业工程专业课程教学与管理，搭建学习效果评价体系并持续改进。只有在国际化视野下重构学生培育观念，依据学院历史发展与自身特色，有计划、有条理地构建学习质量保证框架，提升课程教学质量，才能改善传统教学中依然普遍存在的重理论、轻实践的现象，在通往应用型教学的道路上持续地走下去。

参考文献

[1] 王侃. 基于国际认证的教学质量保障体系的构建——以华南理工大学工商管理学院为例［J］. 教育现代化，2017，4（45）：126－127，139.

[2] 孙维伟. AACSB 国际认证下高校保险学专业课程学习质量保证路径探究——以天津理工大学管理学院保险系为例［J］. 大学教育，2018（12）：91－94.

[3] 郑丽，杨宜，翟晶. 国际商科认证视角下学习品质保障（AOL）体系的构建［J］. 黑龙江教育（高教研究与评估），2018（8）：46－49.

[4] 杨宜，翟晶. 国际认证视角下的高校教学质量保障体系建设［J］. 北京教育（高教），2014（Z1）：115－116.

[5] 刘松鸽，张洁. 商学院内部教育质量保障体系建设的研究——基于 AACSB 认证的视角［J］. 上海管理科学，2014，36（5）：105－108.

AACSB 认证视角下应用型本科院校会计学专业课程体系构建研究

王苹香　谢　萍*

摘要：AACSB 认证是商学院的最高成就。2013 年 AACSB 提出了四个维度的认证新标准，对应用型本科院校会计学专业课程体系的构建指明了方向。应用型本科院校的会计学专业建设要借鉴该标准，明确专业培养目标，构建与应用型会计人才培养相融合的专业课程体系，改变传统课程体系存在“重知识、轻能力”的问题，为当地经济发展培养理论知识扎实、应用能力强的会计专门人才。

关键词：AACSB　认证标准　课程系列　职业能力

国际高等商学院协会（AACSB）认证是商学院的最高成就，全球仅有 5% 的商学院获得认证。通过认证院校的会计学专业培养已经达到世界水平。作为应用型本科院校的会计学专业建设也要借鉴 AACSB 认证标准，找准学科建设、专业建设的努力方向，明确专业培养目标，培养符合当今社会发展的应用型创新会计人才势在必行。

从企业用人反馈来看，会计学专业培养的学生能力与实际岗位要求还存在一定距离，学生所学到的理论知识不能灵活运用到工作实践中。究其原因，许多高等院校会计学专业依然存在课程设置、内容结构、教学方法、考核评价等环节不合理的情况，难以满足行业企业及社会发展需求，从而造成“结构性失业”与高级“用工荒”现象。AACSB 认证强调了学生和教师在学术和职业方面的参与度，缩小了教学与实践之间的距离，让学生更快地适应真实工作环

* 王苹香，山东农业工程学院，会计学院院长，教授。主要研究方向：财务管理。谢萍，山东农业工程学院，会计教研室主任，副教授。主要研究方向：财务会计。

境。因此，高等院校会计学专业从 AACSB 认证视角来构建专业课程体系非常必要。

一、应用型本科院校的特点

我国高等教育有研究型、应用型、技能型三类。这三种类型的教育的特点不同，专业人才培养目标也不相同。研究型人才培养院校的会计学专业通常培养“理论 + 学术”的高级研究型会计人才，技能型人才培养的高职院校主要培养“理论够用、突出实践”的技能型专门人才。应用型人才培养的本科院校大多是由地方本科院校转型而来；特点之一是地方性，办学定位立足当地、服务地方，专业发展应围绕地方进行规划；特点之二是应用性，与其他两类院校不同，应用型本科院校主要培养“理论 + 能力”的应用型高级会计人才，既要培养学生完整的理论架构、较高的理论水平，还要培养学生的专业能力和职业能力。也就是说，应用型本科院校的培养重点不在学术研究领域，而是对实际工作能力的培养，让培养的人才能够快速地适应岗位需求。应用型本科院校，可以结合高校学科分布特点，搭建理工、管工结合的平台，引入符合 AACSB 认证标准的新的人才培养理念，构建会计学专业人才培养课程体系。教学过程中，将行业新成果有效融入教学内容中，将课堂讲授、项目教学、案例教学、情境教学等以老师为主体的教学方法，与翻转课堂、头脑风暴、角色扮演法等以学生为主体的教学方法相融合。注重培养学生的专业能力、职业能力及创新创业能力，实现理论培养与能力培养的结合。为当地经济发展培养理论知识扎实、应用能力强的会计专门人才。

二、应用型本科院校会计学专业课程体系的构建

会计学专业是对理论和实践要求较高的应用型学科，要求培养的学生既具备完整的理论知识，又具有较强的专业能力和职业能力。而传统课程体系存在“重知识、轻能力”、灵活性差、知识衔接不当等问题，不能凸显专业能力和职业能力的培养，难以适应会计岗位需求。而 2013 年 AACSB 提出的包括战略管理和创新、参与者（学生、教师、专业工作人员和专职人员）、学习和教学、学术和职业发展四个维度的认证新标准，对应用型本科院校会计学专业课

程体系的构建指明了方向。

1. 专业理论课程系列的构建

AACSB 认证要求学校从使命出发确定专业培养的具体学习目标和学习目的，进而设计专业课程图谱。即 AACSB 提倡专业学习目标、学习目的、课程内容及课程结构要符合学校使命的要求。应用型本科院校应借鉴这一思路，构建与自身办学使命相适应的“能力对应岗位、课程对应能力”的专业理论课程系列。

专业理论课程系列主要体现学科基础课与专业理论课之间的依托关系、必修课和拓展课之间的密切联系，其设置合理与否直接关系到人才培养的质量。在课程系列构建中，按应用型本科院校的培养要求，围绕专业核心课程按“理论够用，突出能力”的原则组建课程模块，集中优质资源、优化内容，强化知识的针对性和实用性。

应用型本科院校会计学专业理论课程系列按课程性质、培养规格与培养要求，将全部专业课程划分为学科基础、专业核心、专业拓展三个模块，用以培养学生的专业基础理论、专业核心能力及专业综合提升能力，为学生从事会计相关工作奠定理论基础。

学习目标、学习目的、对应课程、专业课程模块之间关系如图 1 所示。

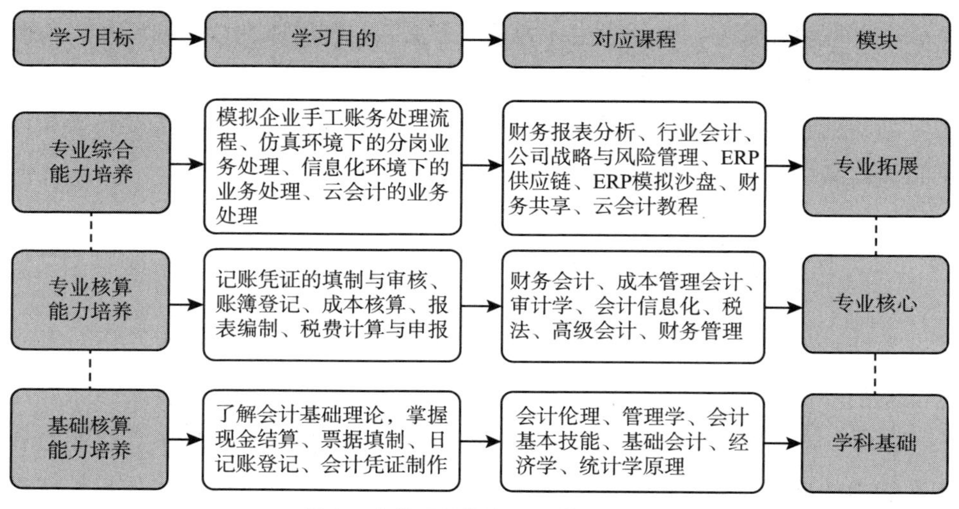

图 1 专业理论课程系列构建关系

2. 专业实践课程系列的构建

实践教学是将专业理论应用于专业实践的桥梁，是培养学生专业能力、职业能力和实践能力的有效方法。AACSB 认证标准之一就是强调职业参与性，通过体验式教学，让学生在真实的商业情境中，提高会计业务的实际操作能力。应用型本科院校要根据自身优势构建与人才培养目标相一致的“五层递进、双轨并行”的实践教学系列，增加业务岗位实习，训练业务操作技能，培养学生发现问题、分析问题和解决问题的能力，实现人才培养目标与社会实际需求的对接。

应用型本科院校会计学专业实践教学，要依据学生能力形成和发展规律，按 AACSB 认证标准中专业学习目标、学习目的、课程内容及课程结构一致性的要求，构建基础技能实训、专业核算实训、核心业务实战、专业综合实训和社会综合实践五层梯度递进的课程系列。让学生了解会计岗位工作流程、点钞、数字书写、凭证填制等基础核算能力，掌握会计核算、纳税申报、财务管理等专业核算能力，强化学生发现问题解决问题、自主学习及创新创业能力等核心业务能力，培养学生岗位职业能力及与企业实务对接能力等专业综合能力，培养学生的综合素质、业务处理能力、团队协作能力等社会综合实践能力。

在专业综合实训中，可以利用同一个模拟企业的经济业务，进行会计信息化和手工综合模拟“双轨并行”的实训，培养学生线上线下会计处理能力，为“云会计、智能会计”的业务处理奠定了基础。

“五层递进、双轨并行”的实践教学系列中实习目标、实习目的、实习项目之间的关系如图 2 所示。

3. 创新创业课程系列的构建

《关于深化高等学校创新创业教育改革的实施意见》明确指出，从 2015 年开始国民教育体系中将纳入“双创”课程，要求高等教育要进行“双创”教育改革。同时按 AACSB 认证标准要求商科教育要进行“战略管理与创新”，但目前本科教育仍存在创新创业课程与专业课程整体设计不合理、课程设置不融合、课程形式化等问题。因此，应用型本科院校要重视学生的“双创”教育，找准“双创型”与“应用型”会计人才培养的契合点，构建与社会需求相匹配的三层次进阶式“双创”课程系列，培养学生的双创意识、双创精神、双创思维及双创能力，提升学生的双创技能，实现学生双创理念的全面形成。

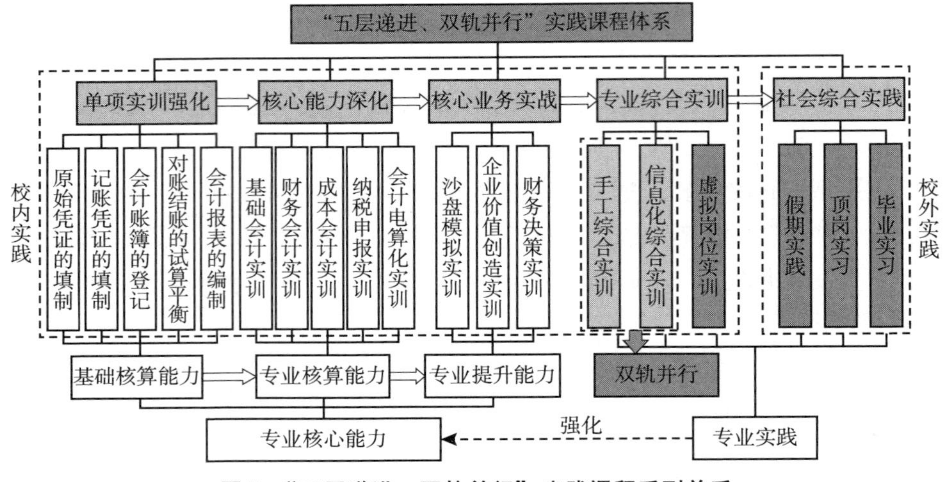

图 2 “五层递进、双轨并行”实践课程系列关系

按照职业培养特点和要求，我们应该构建“双创”意识培养、“双创”能力培养和“双创”实践培养三层次进阶式课程系列。通过职业生涯规划、创新创业讲座、创新性思维训练等入门教育，培养学生“双创”意识；通过大学生“双创”指导、“双创”技能培训等教育，学生进入“双创”起步阶段；通过财务决策模拟、ERP 沙盘模拟、企业价值创造模拟等“双创”模拟，培养学生“双创”实践能力，为培养高质量应用型人才奠定基础。

“双创”课程系列课程、层次、阶梯三者关系如图 3 所示。

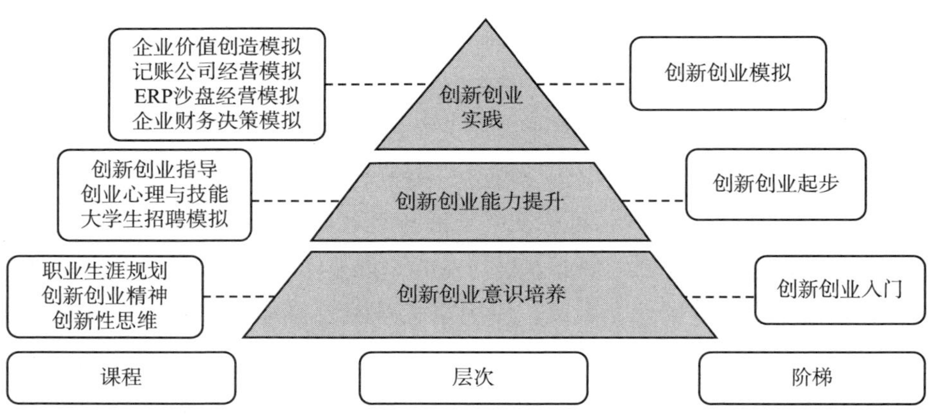

图 3 “三层次进阶式、模块化”创新创业课程系列关系

三、确保专业课程体系构建的有效措施

1. 明确培养定位，确定培养目标

在 AACSB 认证标准中，首先强调“战略管理与创新”。要求商学院要有一个明确的使命，并且在这一使命的指导下进行各项活动，进而将使命转换为结果。因此，高校必须跟随时代步伐，重新审视自己的办学定位，确定学校使命和专业培养目标，并且以此使命和目标为指导进行包括课程体系使命和目标构建在内的各项教育教学活动，进而达到高质量的教育效果。作为应用型本科院校，更要明确历史使命，转变教育理念，以 AACSB 认证标准为目标导向，依据社会需要、专业特点，把培养学生的专业能力和创新创业能力确定为会计专业技能型人才培养目标，在专业课程体系构建中融入创新创业教育，培养学生的创新意识、创业品质，培养学生在复杂多变的环境中积极主动、抓住机会、整合资源、创造性解决问题的能力，使学生具备一定的可持续发展能力。

2. 设置主干课程，整合课程内容

在 AACSB 认证标准中，要求高校从自身使命出发来确定专业的具体学习目标及学习目的、设置专业主干课程及对应的课程内容。同时，AACSB 标准对课程管理提出了具体指导，为课程设置提供了一套有效的概念框架及运行机制，以此保证所开设课程的科学性和先进性。因此，应用型本科院校要按照“专业对应职业、课程对应岗位”的教育使命，明确学习目的、确定学习目标、设置主干课程、明晰课程任务、整合课程内容、增加实践项目，培养学生的参与意识、职业精神及职业能力。

3. 搭建教学平台，实现师生互动、教学相长的教学模式

学生和教师在学术和职业方面的参与度，通过 AACSB 认证新标准中的“学术和职业参与”模块反映。该模块力求缩小教学与实践之间的距离，强调专业教育的真实性，推崇体验式教学方法，让学生通过实地考察、现场教学、课程作业等方法感受真实的商业情境。因此，作为应用型本科院校要加强会计实践教学管理，将课堂讲授、项目教学、案例教学、情境教学等以老师为主体的教学方法，与翻转课堂、头脑风暴、角色扮演法等以学生为主体的教学方法相结合。通过采用任务驱动与自主探索、实物演示与实物模拟等方式，提高学生的实际工作能力和实际问题解决能力。同时在教学手段上借助“虚拟仿真”

教学平台，将3D虚拟实习、沙盘经营模拟融入会计教学中，让学生置身在仿真职业场景，亲身体验会计岗位工作，熟悉各岗位业务流程、账务处理程序，提升学生对会计岗位能力的认知及沟通协作技巧。

4. 建立校企联动考评机制，全面评价学生学习质量

为了保障教学品质，AACSB制定了学习质量保障（AoL）体系，即“学习和教学”模块。它要求考核方式及评价标准要根据培养目标和目标学习成果来确定。按照这一模块要求，应用型本科院校会计学专业在考核评价学习效果时，首先，要改变单一考评模式，合理分配考核权重、突出过程性考核，将平时表现、过程性考核和终结性考核融为一体。其次，要构建学生、校内考核组、企业专家三方共同考核的“校企联动考评机制”，聘请企业人员担任校内兼职教师、校外实习指导老师，共同参与学生能力考核，全面评价学生学习质量，充分发挥高校导师和企业导师的优势，协同育人。

四、结语

AACSB引入举措开展深入探索研究，提出了具体、操作性强的课程建设措施，预期可有效提高学生的实务操作能力，促进提高学生综合素质。下一步根据在不同类型学校试点推进情况，开展更深入的探索研究，进一步完善课程措施，提升AACSB与学校人才培养的融合水平，实现共同促进、共同提升。

参考文献

［1］季皓．对AACSB认证标准的理解及对财会类专业的启示［J］．教育教学论坛，2017（8）．

［2］高利，芳李庆，华张丽英．会计学专业发展的战略思考［J］．财会月刊，2017（13）．

［3］刘阳，马爱民．AACSB认证新标准的基本框架与特点分析［J］．评价与管理，2015（1）．

［4］刘新颖．基于AACSB认证的AOL体系的建立与运行——以会计学专业为例［J］．财会通讯，2018（25）．

［5］王苹香，谢萍．新工科背景下审计学专业（工程审计方向）［J］．中国乡镇企业会计，2019（1）．

基于专业核心能力培养的国际贸易实务操作课程群建设

崔 玮 梁 瑞 张宇馨*

摘要：课程群建设反映了课程教学改革和人才培养的新趋势。本文探讨了国际经济与贸易专业核心能力——国际贸易业务运营与管理能力的培养标准和评价标准，并围绕该项能力的培养，从教学团队建设、教学内容优化整合、课程资源建设、教学方法改革、考核方式改革等方面论述了国际贸易实务操作课程群建设的具体措施，构建了“设定专业核心能力目标—确定课程群教学目标—开展教学—确定学习效果评价标准与方法—学习效果评价与分析—发现问题—持续改进”的课程群教学与评价流程。

关键词：课程群建设 国际经济与贸易专业 专业核心能力 教学质量保障

一、引言

随着中国对外贸易的快速发展，对外贸人才的要求也不断提高。外贸企业需要的高素质人才不仅要具有丰富的国际贸易基础知识，更重要的是要具备国际贸易业务运营与管理能力。特别是随着跨境电商的发展，我国正在加紧培育外贸综合服务企业，为中小微企业开展跨境电商提供一站式服务。外贸综合服务通过系统化、流程化操作，一站式为中小微企业完成通关、退税、物流、外汇、融资等全部外贸流程服务，这更加需要从业人员具有综合的外贸操作知识

* 崔玮，北京联合大学商务学院，教授，博士。主要研究方向：国际服务贸易、国际贸易理论与政策。梁瑞，北京联合大学商务学院，副教授，博士。主要研究方向：WTO 与区域贸易安排国际服务贸易。张宇馨，北京联合大学商务学院，教授。主要研究方向：国际贸易、跨国公司。

与技能。

目前，国际经济与贸易专业实务类课程教学中仍存在对实践能力培养不足，各门课程独立授课、独立考核，缺乏相互的衔接与融合，没有形成综合性的评价标准及完善的能力培养质量保障体系等问题。课程群指的是围绕专业人才培养目标，为完善同一施教对象的知识、能力与素质结构，而将相应专业培养方案中若干在知识、方法、问题等方面有逻辑联系的课程重新规划、整合而形成的课程体系。围绕国际贸易运营与管理这一专业核心能力构建实务类课程群，并依据国际高等商学院协会（The Association to Advance Collegiate Schools of Business International，AACSB）国际认证的理念构建学习质量保障（AoL）体系，是解决上述问题的有效路径之一。

二、基于能力培养的国际贸易实务操作课程群设计

（一）明确核心能力目标及课程群地位

结合学院使命，国际经济与贸易专业明确了专业的核心能力为国际贸易业务运营与管理能力，并将该能力具体细化为三个能力目标：（1）熟悉国际贸易与国际投资的理论、政策与措施；（2）熟悉国际贸易实务操作的相关规则与惯例；（3）能够建立国际贸易业务关系，并履行国际贸易合同。国际贸易实务操作课程群是基于国际贸易业务运营与管理能力中第（2）、（3）能力目标的培养而构建的，课程群具体包含课程：《国际贸易实务》《国际贸易运输与保险》《国际结算》《海关实务》和《国际贸易流程模拟》。

（二）构建能力质量标准与学习效果评价标准

通过企业调研及毕业生访谈，了解外贸企业对国际贸易人才的知识与能力要求，并结合课程群中各门课程的特点，制定国际贸易业务运营与管理能力的质量标准（见表1）。在此基础上，为了更好地评估学生的学习效果及能力达到程度，需进一步制定评价标准，并对不同的学习效果和能力达到等级进行界定，具体评价标准如表2所示。

表 1　　国际贸易业务运营与管理能力的质量标准

一级指标	二级指标	质量标准
1. 掌握国际贸易业务运营与管理基本知识	1.1　掌握业务运营基本流程	1. 熟练掌握进出口流程； 2. 熟悉进出口业务中可能存在的风险
	1.2　掌握合同签订流程及合同内容	1. 掌握合同签订过程及各个环节的法律意义； 2. 掌握合同主要条款内容； 3. 掌握合同争议的解决方式
	1.3　掌握国际货物运输和保险基本知识	1. 掌握国际货物运输主要方式及特点； 2. 掌握国际货物运输保险的主要特点、主要保险条款及保险索赔和赔偿事宜
	1.4　掌握国际货物结算基本知识	1. 掌握国际结算的主要方式、特点及流程； 2. 掌握国际结算方式的选择及使用
	1.5　掌握货物通关基本知识	1. 掌握货物分类标准、各种特殊类型进出境货物、人员和船舶的海关监管规则； 2. 掌握货物进出口通关流程
2. 具备处理国际贸易综合业务的能力	2.1　具备处理国际货款结算和融资的能力	1. 具备恰当选择国际结算方式的能力； 2. 制作国际货款结算商业单据和金融单据的能力； 3. 具备处理各种国际结算流程的能力； 4. 具备获取国际短期、中长期融资的能力
	2.2　具备办理国际货物运输和保险的能力	1. 具备办理租船订舱的能力； 2. 具备制作国际货物运输单据的能力； 3. 具备办理投保、保险索偿的能力； 4. 具备制作国际货物运输保险单据的能力
	2.3　具备办理货物通关的能力	1. 具备将货物科学、系统归入恰当海关编码的能力； 2. 具备填制各类报关单据的能力； 3. 具备办理各类商品进出口通关的能力

表 2　　学习效果评价标准

能力目标	质量标准	评价标准	不合格 （0～59 分）	合格 （60～79 分）	优良 （80～100 分）
具有国际贸易业务运营与管理能力	掌握国际贸易业务运营与管理基本知识	对国际贸易实务操作的相关基础知识理解、掌握、运用的正确、熟练和有效程度	不能正确理解贸易业务基础知识，不能应用基本知识解决国际贸易实际问题	1. 能够基本掌握国际贸易业务相关主要概念、知识与分析方法； 2. 能够运用国际贸易基础知识解决部分外贸实际问题	1. 能够熟练掌握国际贸易业务相关概念、知识和分析方法； 2. 能够运用国际贸易基础知识解决大部分外贸实际问题

续表

能力目标	质量标准	评价标准	不合格 （0～59分）	合格 （60～79分）	优良 （80～100分）
具有国际贸易业务运营与管理能力	具备处理国际贸易综合业务的能力	对国际贸易合同履行中办理运输、投保、报关、报检、结算等业务的方法以及相关单证缮制方法的掌握及熟练程度	不能正确办理国际贸易合同履行中租船订舱、投保、报关、报检、结算等实际业务，不能正确缮制相关单据	能够基本正确地办理国际贸易合同履行中租船订舱、投保、报关、报检、结算等业务，能够基本正确缮制相关单据	能够较好地独立办理国际贸易合同履行中租船订舱、投保、报关、报检、结算等实际业务，能够正确缮制相关单据

（三）学习效果评价及结果分析

对专业核心能力达成情况的评价不同于单独课程的考核，评价内容应包含表1中各项能力目标。因此，可采取第三方检测的方式，如可采用中国国际贸易学会全国外贸单证员考试系统进行测试，通过基础知识测试和综合能力操作测试对学生国际贸易业务综合能力的达成情况进行评价。进而对评价结果进行分析，找到课程群建设中存在的问题，并提出进一步的改进措施。课程群教学与评价流程如图1所示。

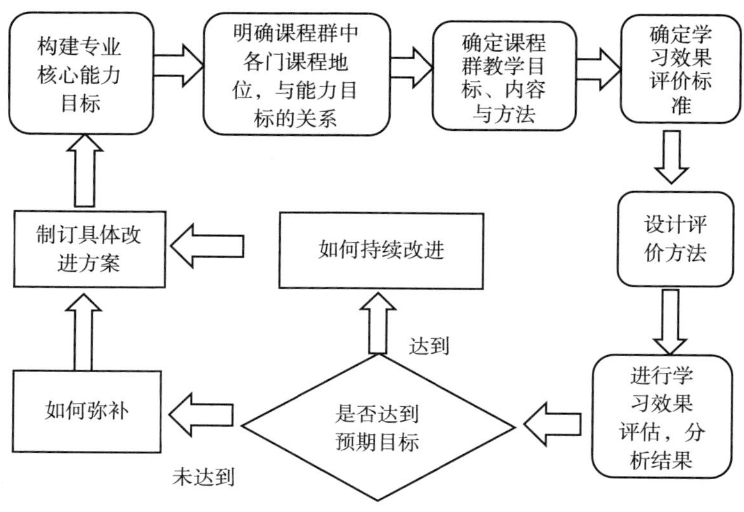

图1 课程群教学与评价流程

三、国际贸易实务操作课程群建设措施

（一）建设目标

通过构建国际贸易实务操作课程群，强化课程群内各门课程间的联系，突出课程为共同的国际贸易业务运营与管理能力这一培养目标服务的特征，强化课程内容之间的融合、交叉和关联，强调课程建设的系统特性和规模效应，对各个相关课程内容进行有机优化和整合，理顺群内课程与课程群的关系，形成相互联系、相互配合的整体，打造崭新的课程体系。同时，通过教学团队建设，逐步形成一支稳定的、实力强、教学效果好的课程群教学和建设团队；通过教学资源建设为学生提供丰富多彩的线上线下学习资源；通过教学模式与手段改革，采用“线上＋线下”的混合式教学模式，不断提高教学效率和教学质量；通过改革考核模式、强化教学管理，多维度检测培养目标的达成程度，实现管理标准化、规范化和制度化，保障人才培养过程的持续改进。

（二）具体建设措施

1. 教学团队建设

在课程群中各门课程已有教学团队的基础上，形成课程群教学梯队，逐步建立起一支人员相对稳定、教学效果好的教学团队。

（1）提升团队整体教学水平。提升教师专业理论知识与学术水平，同时提升教师从事进出口业务的实践能力及综合应用能力，使教师掌握最前沿的业务发展新要求。为此，应鼓励任课教师取得双师资格，深入企业开展实践活动或挂职锻炼；主动学习并积极参加国际贸易运营与管理方面最新业务发展的相关专业培训，在专业理论和实践前沿方面练好内功。

（2）形成稳定的内部交流机制。课程群教学团队内部定期开展教学研讨和集体备课，围绕能力培养的共同目标，就课程内容的衔接与配合、教学模式与方法的改革、课程教学管理制度、建设方案的具体实施等开展研讨，交流经验、解决问题。

（3）加强外部沟通与交流。借助外力，通过校外行业专家以讲座、录制微视频等方式参与课程教学，弥补校内教学团队在最新业务实践方面的短板；

加强教师与校外专家在产学研方面的合作和交流，聘请企业专家走进课堂参与授课。此外，加强与其他高校就课程教学方案、教学管理及人才培养等进行交流学习。

（4）开展教学研究。组织课程群团队教师积极开展教学研究，特别是针对课程群的构建及具体的建设方案开展研究，提升团队的执教能力。

2. 教学内容优化整合

在进行课程群建设之前，各门课程仅围绕本课程的教学目标开展教学，较少考虑其他课程，存在各门课程之间内容交叠，在能力培养中的地位不明确等问题。为解决以上问题，需开展教学内容的优化整合：

（1）合理衔接课程群各门课程教学内容。课程群建设将紧密围绕国际贸易业务运营与管理基本知识及能力的培养，明确各门课程的地位与分工，通过教学团队内部的协商，围绕课程群的能力培养目标强调每门课程教学内容的取舍，精心选择教学内容、合理衔接知识点，以提高教学效率和教学质量，使得学生全面掌握国际贸易业务运营与管理的基本知识体系和能力构架。

（2）将证赛内容融入课程体系。由于外贸单证大赛的竞赛内容及国际商务单证员证书的考核内容能够在较大程度上反映学生国际贸易业务能力，因此，通过构建“课证赛融合”的教学模式，将竞赛及职业资格证书的内容融入课程群教学内容中。

（3）将网络及新媒体资源融入教学。充分利用线上资源，丰富课堂和课外教学素材，为学生课外进行深度和拓展学习提供丰富的资源和学习平台。网站方面，将中华人民共和国商务部官网、中华人民共和国海关总署官网等网址链接上传至网络学堂及蓝墨云班课；新媒体方面，推荐学生添加本专业相关微信公众号，有针对性地推荐学生在课下阅读网站及公众号中相关文章、报告与案例分析，通过线上丰富的行业前沿热点问题解析、案例点评和规则惯例品读进行拓展性学习，提高学生进出口业务实践能力。此外，将大学慕课相关课程、全国网络精品课等教学资源引入课程群教学内容中，有选择地推荐给学生进行课下自学。

3. 课程资源建设

（1）网络学堂资源建设。一方面不断完善网络学堂课程信息与课件、课外学习资料、练习与测试、网络链接、答疑讨论等内容；另一方面借助行业专家提供的教学案例和专题视频资源以及国际商务单证员考试学习资源，建设案例库、教学视频等板块，不断丰富学生的课外学习资源。

（2）搭建新媒体教学资源平台。首先，进行云班课教学资源建设。云班课教学资源具有灵活、方便、互动及时等特点，应将其更好地应用于日常教学，进一步丰富云班课的教学资源，应用云班课中作业/小组任务、投票、头脑风暴、测试等功能，调动学生学习的积极性与主动性；其次，建立学生与课程团队微信群，通过微信群分享电子学习资源（企业案例、规则与惯例解读、学术文章推送、单据样本等），发布教学信息、要求、讨论主题等。最后，推荐学生添加政府机构或企业发布的专业公众微信号，如对外贸易联盟、天九湾贸易金融、汇天国际结算网等，使学生及时了解行业理论与实务前沿、丰富课外案例、学习经典案例点评、行业最新规则惯例解析等。

（3）案例库建设。结合教师自身企业实践，以及借助行业专家的力量建设教学案例库。

（4）教学微视频录制。围绕国际贸易业务新发展、实际业务操作难点问题等录制教学微视频。

4. 教学方法改革

通过采用混合教学模式、翻转课堂教学模式等，综合运用多种教学手段，将网络化教学和传统教学有机结合，线上线下学习优势互补，使学生更具学习主动性、积极性和创造性。

（1）利用线上资源开展自主学习。充分利用网络学堂、云班课、微信群等多种形式的媒体，为学生提供丰富多彩的线上自学资料，包括实际业务操作指导、视频资料、案例等，依据课程进度合理安排线上学习任务，要求学生课下进行阅读或观看。课上可利用云班课随时测试学生通过自学对知识的掌握情况；同时利用网络学堂的讨论板和测试功能及云班课的活动板块，安排课下研讨项目、微测验等，要求学生课前利用身边的工具（电脑、平板、手机等）进行自主学习、对关键点进行查询、通过网络和其他同学讨论，完成研讨或练习，同时教师进行点评。不断引导学生课前课后进行自主性、研究性和协作型拓展学习。

（2）翻转课堂改革线下课堂教学。与线上自主学习相配合，课堂面授教学方法也要进行相应的改革。学生带着在线学习的成果和问题来上课，教师为之解答并通过问题研讨或案例分析引导学生进入更深层次的知识内化，将传统教学中以教师讲授为主的教学模式，逐渐转变为以学生输出为主、教师进行综合性点评和总结的教学模式。

第一，探索任务驱动教学法。教师根据国际贸易业务运营与管理能力中具体的能力要求合理创设“典型工作任务”，将所要学习的新知识隐含在一个或几个任务中，学生对所提出的任务进行分析、讨论，在教师的指导帮助下找出解决问题的方法，最后通过任务的完成来实现对所学知识的构建。通过采取这种“用中学”“边学边练”的方式将理论教学与实践教学融为一体，通过“展示任务”“分析任务”“练习任务”，使学生在教师设置的虚拟情境和任务项目中接受实际的操作训练。教学过程中强调学生在学习中的责任和主动性，较多地以小组形式来开展任务分析、解决的学习过程，通过小组学习的形式提供集体交流和协作的机会，从而培养学生分析问题、解决问题的能力，达到能力培养的目标。

第二，充分运用案例教学法。教学课程中合理使用多种形式的案例开展教学活动：首先，引导案例。每一章课程内容讲授之前，教师先向学生展示一个实际案例，并提出思考问题，要求学生带着问题听讲，并运用之后课堂上所讲授的理论知识自己分析案例、解决问题；其次，课堂案例。教师在讲授过程中，针对较为抽象的基本概念、理论、重点内容等适时引入恰当的案例，使理论知识更形象，帮助学生加强对知识的理解；最后，讨论案例。在学习了一定的理论知识之后，以学生小组为单位组织综合性的案例研讨和陈述。学生可以在课下查找资料，综合运用所学知识进行小组分析、讨论，通过同学间的相互碰撞、交流，对案例进行深入思考、判断。在此基础上，进一步组织学生进行课上的陈述和辩论。

第三，运用云班课线上线下互动教学。充分利用云班课活动中作业/小组任务、投票/问卷、头脑风暴、答疑/讨论、测试等功能，开展形式多样的课上教学活动，使课堂教学具有趣味性和挑战性，充分调动学生学习的积极性。

5. 考核方式改革

进一步改革考核方式，注重学习质量、学习过程与学习结果评价相结合，课程考核的目的不仅是检验学生对理论知识的掌握，更应是激发学生创新意识、锻炼学生实践能力，促使学生养成良好学习习惯的手段。侧重对学生专业基础知识与能力、专业操作能力、专业综合应用分析能力、专业综合方案解决能力的考查。课程群中各门课程可采用形式和难度不一的考核方式：（1）针对专业基础知识和能力，主要通过网络测试、云班课上的随堂测试等方式实现；（2）针对专业操作能力，可结合单证员考试内容，将课程测试和证书考试模拟训练有机结合，通过网络学堂测试、课上单证操作训练等方式进行；（3）针对专业综合应用分析能力，通过案例分析、汇报和点评的方式进行测试；（4）针对专业综合方案解决能力，可通过采取调研及撰写调研报告，综合性实训等方式进行测试。通过运用多方式、多维度的考核方式，对学生知识与能力达成程度进行检测，及时发现问题并进行教学方案的调整。

6. 评价与反馈

课程群教学质量保障方面应遵循三个基本理念：成果导向、以学生为中心和持续改进。以备课、授课、考核、评价与改进五个环节为重要抓手，形成“设定学习/能力目标—开展教学—目标达成情况评价—发现问题—持续改进”的闭环。通过建立有效的学习效果评估体系，测评学生的学习效果及能力达成情况，依据测评结果判断教学成果，并发现存在的问题，识别需进一步改进的领域，进而制定持续改进的具体措施，包括课程体系的调整优化、教学方法的改进、教学内容的补充或调整、课外学习的补充、教学预期目标的调整、评价方式的转变等。从而形成了一个相对“闭合”、可操作性强的学习质量保障体系，实现教学质量管理的标准化、规范化和制度化，保障人才培养目标的达成。

国际经济与贸易专业在经过一年的课程群建设后，采用国际贸易学会单证员考试试题进行了学习效果检测，结果显示学生对国际贸易业务运营与管理的基本知识掌握较好，而灵活运用的能力仍有欠缺。基于此，在后续的教学中，应继续发挥课程群建设在培养专业综合能力方面的优势，持续深化课程群建设，充分利用混合式教学法，在提高学生综合应用能力的同时，注重各项子业务基础知识和应用能力的协同提高。

四、结论

课程群建设作为一种新型的课程建设模式，在学生知识、能力与综合素质培养中发挥着重要作用。国际贸易实务操作课程群建设以学生专业核心能力培养为主线、以课程间逻辑联系为纽带、以教师团队合作为支撑、以深化教学改革为抓手、以质量保证为根本，通过构建“设定专业核心能力目标—确定课程群教学目标—开展教学—确定学习效果评价标准与方法—学习效果评价与分析—发现问题—持续改进”的课程群教学与评价流程，形成教学质量保障的“闭环”，从而保证了学生专业核心能力的达成。

参考文献

[1] 王晖．能力培养视角下工商管理专业核心课程群的构建［J］．科教文汇，2018（1A）：79－81.

[2] 龙春阳．课程群建设：高校课程教学改革的路径选择［J］．现代教育科学，2010（2）：139－141.

[3] 刘婷．可持续发展理念下我国高校国贸实务课程群建设探讨［J］．对外经贸，2016（10）：130－132.

[4] 任雪梅．产教融合背景下国贸专业课程群建设研究［J］．金融经济，2017（9）：137－138.

[5] 郑丽，杨宜．基于学习质量保障体系（AOL）的课程建设研究——以“大学计算机基础”课程为例［J］．北京教育，2014（12）：65－67.

AACSB 认证中 AoL 体系对课程管理的影响探析

李浩东*

摘要：课程管理是高校人才培养过程中至关重要的一个环节。AACSB 国际认证中提出的 AoL 体系建设，为商科教育中课程管理提供了一套有效的教学质量保证体系框架及运行机制，本文以上海理工大学管理学院为例，详细阐述了 AoL 体系的运行机制，并分析了 AoL 体系对课程管理的影响，AoL 体系很好地优化了课程管理过程，为课程管理提供了有力保障。

关键词：AACSB 认证　学习质量保障（AoL）体系　课程管理

高等教育是一个国家发展水平和发展潜力的重要标志，而高等教育质量是全球各国重点关注的问题。我国历来都十分重视教育，在 2018 年 9 月 10 日全国教育大会中，习近平总书记把教育提到了“国之大计、党之大计”的高度，加强高校内部教学质量保障体系建设是高校提高高等教育人才培养质量的重点工作。而高校根据不同专业设置的培养计划以及课程管理体系在人才培养过程中有着举足轻重的作用，如何提高课程管理质量，则是高等教育应该关注的最基本任务。

《国家中长期教育改革和发展规划纲要（2010－2020 年）》中指出，“把提高质量作为教育改革发展的核心任务”，并且强调要“制定教育质量国家标准，建立教育质量保障体系”①。为保障高等教育质量，世界各国一般都有自己的认证体系及评估方法，我国的评估制度是以高等教育评估主体的多元化以

---

* 李浩东，上海理工大学管理学院，教师。主要研究方向：区域发展战略。

① 国家中长期教育改革和发展规划纲要（2010－2020 年）[J]. 中国民族教育，2010（3）：1－17.

及评估类型的多样化为特征。《教育部关于全面提高高等教育质量的若干意见》中指出，要“建立以高校自我评估为基础，以教学基本状态数据常态监测、院校评估、专业认证及评估、国际评估为主要内容，政府、学校、专门机构和社会多元评价相结合的教学评估制度”。对于经管类专业的认证，在全球范围内有三大权威国际认证，分别是国际高等商学院协会（AACSB）、英国工商管理硕士协会（AMBA）、欧洲质量发展认证体系（EQUIS），其中 AACSB 认证由于历史悠久，影响范围广而享有最高声誉。学习质量保障（assurance of learning，AoL）体系是 AACSB 认证的重要内容，根据学院的使命制定学习目标，通过形成持续改进的闭环体系实现教学质量的提高。

一、AACSB 认证简介

1. AACSB 认证背景

AACSB 全称 The Association to Advance Collegiate Schools of Business，1916 年成立于美国。最先是由哥伦比亚大学、康奈尔大学、哈佛大学、纽约大学、西北大学、伯克利加州大学、芝加哥大学等 17 所知名大学的商学院联合发起，总部设在美国佛罗里达州的坦帕（Tampa，Florida）。自 1960 年起，AACSB 是管理教育界最具权威的认证，旨在促进已获认证和申请认证的学校提高学生入学标准和师资及管理水准。

经过近百年的发展，AACSB 的规范与评价标准已成为全球管理教育的权威性标准，它独立于大学资格鉴定，是评估商学院质量的最权威认证。AACSB 的商学院认证程序包括会员资格申请、预认证、首次认证和保持认证资格四个阶段。鉴于它的权威性，世界各地的商学院都以能够通过它的认证审核为衡量自己办学水平的重要标准。

2. AACSB 认证理念

AACSB 强调申请认证的学校和学院要有符合自身情况和定位的使命（mission）及愿景（vision）；同时，学院的使命、愿景应与学校的使命、愿景保持一致。学院的教学、科研、服务、管理、合作交流等各项工作都要以使命为向导，充分利用有限资源，驱动各项工作的开展和改善，以实现使命。

AACSB 认证中，AoL 体系主要考察学院的教育水平和教育质量，以学院使命为前提，确立学习目标（learning goals）和能力指标（learning objectives)，以通过科学设置与这些学习目标相匹配的课程体系为基础，从中筛选出重点测试课程（course maps）并制定测试标准（rubrics），最后收集所检测课程学生的学习成果，对照学习目标找出不足并持续改进，以期逐渐符合学院使命。这一闭环只有周而复始、顺畅有效地运行才能通过 AACSB 认证。

3. 国内院校 AACSB 认证情况

意识到 AACSB 认证对提高管理教育理念，促进教育质量持续改进，提高学校和学院在国内、国际上的地位和影响力具有非常重要的意义，目前许多国内院校都已经开始致力于通过 AACSB 认证。

2018 年 5 月 2 日，上海理工大学管理学院经过 AACSB 初始认证委员会（Initial Accreditation Committee，IAC）和理事会（Board of Directors）决议，学院正式通过 AACSB 国际认证，认证期限为 5 年。至此，上海理工大学成为我国大陆地区第 20 所、上海市第 6 所（前 5 所为中欧国际工商学院、复旦大学、上海交通大学、同济大学、上海财经大学）及非教育部高校第 1 所通过 AACSB 国际认证的大学。

二、上海理工大学管理学院课程管理体系

根据 AACSB 最新的认证标准（2013 版），课程管理涉及学院相关流程和组织，开发、设计和实施每个学位项目的结构、组织、内容、结果评估和教学方法等。课程管理以核心利益相关者为中心，并受到来自学习质量保障体系、商学实践新进展、修改使命和战略而反映出的新领域教学等方面的影响。

上海理工大学管理学院的使命有三点：一是培养学生成为社会和企业需要的高素质管理人才，使其具有扎实的管理学学识、强烈的社会责任感、创新精神和全球视野，推动上海、中国乃至全球经济的发展。二是通过开展学术研究和参与社会服务创造管理学知识，采用多样化教学方式传授知识。三是开展多学科学术研究，推进塑造先进的组织运营模式和管理方式，通过创新思维推动经济发展。

上海理工大学管理学院课程的设置是基于创造商业知识、培养学生成为具有创新精神、全球视野和强烈社会责任感的顶尖管理人才的使命。为了实现这一目标，针对不同阶段不同专业，学院提供了多种课程组合。学院组织相关专家和教师制订计划、监督过程、评估和修订课程内容并科学组合，评估课程对

学习目标的影响的详细规定和系统流程。通过学院的综合课程管理体系，对课程管理保持严密的控制，并遵守要求对课程内容进行年度评审的规定。

每个专业的培养计划都有明确的记录和发布，包括制定的培养目标、学习目的、核心课程、课程前后修读关系、考核方式和学分要求。每学期进行计划校对和审查，根据社会发展和学生学习反馈，必要时更新课程内容。另外，除了学校内部审核外，教育部每五年也会审核一次，对于任何不符合要求的课程，将受到警告或取消相应课程。

三、上海理工大学管理学院 AoL 体系的运行机制

人才培养可以说是高等教育的本质职能，在此过程中，培养计划的设置以及课程管理则是十分重要的一个环节。AACSB 国际认证中提出的 AoL 体系建设，为商科教育中课程管理环节提供了一套有效的教学质量保障体系框架及运行机制。

AoL 是一个过程化的管理模式，目的是确保学生达到课程开始阶段设置的培养预期。同时，AoL 也可以帮助学院和老师去改进课程教学方法和方式。通过一个阶段的学习，最后以某种既定方式考评，通过评估学院可以了解学生在其培养目标下所取得的成果，根据结果，改进教学方法和方式，并更新课程计划，为老师和学生提供针对性的反馈和指导。AACSB 认证注重每个课程或课题的学习目标，将其细分至可测量的程度，并要求责任必须分配到具体的教师个人。

学院将课程设置、学习目标和目的、学习评估体系以及教学方法与使命中定义的人才培养目标相匹配。AoL 委员会负责监督学习目标的制定和更新、数据的评估以及完成闭环的工作。它与课程质量委员会一起，制定（更新）学习目标，每门课程根据自己的课程目标勾选学习目标，学院形成课程地图，制定学习目标评估标准，并收集和分析评估数据，确定改进措施，跟踪课程调整的结果，进一步进行必要的调整。

为了确保学习目标的顺利实现，上海理工大学管理学院 AoL 的运行分为八个步骤：（1）制定（更新）学习目标；（2）明确学习目的和评价标准；（3）优化课程体系；（4）确定测试方法；（5）制订评估计划；（6）实施评估计划；（7）收集、分析和讨论测试数据；（8）制定改进措施，如图 1 所示。

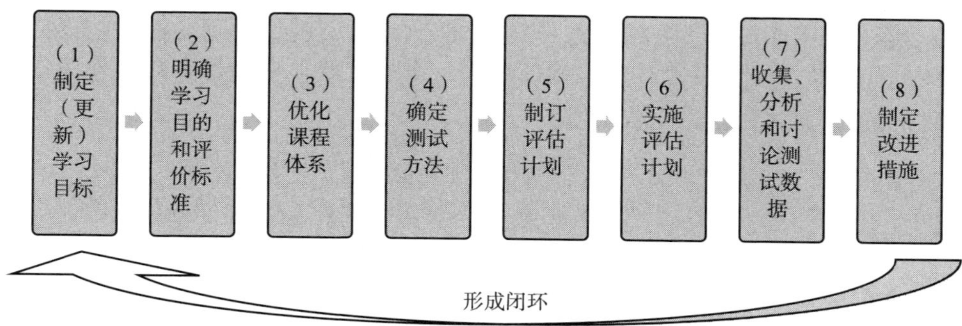

图 1　上海理工大学管理学院 AoL 体系流程

战略与使命委员会制订了学院的使命与发展计划，AoL 委员会和课程与质量控制委员会根据学院使命修订学习目标，根据学习目标和目的，教学小组和课程与质量控制委员会制定评估办法和测试方法。AoL 委员会收集并分析课程测试数据，并将结果发送给教学小组和课程与质量控制委员会，经过研讨后提出改进措施。AoL 委员会根据改进措施提出变更方案，更新课程的学习目标。同时，课程与质量控制委员会根据改进措施提出课程变更建议，这些意见反馈给 AoL 委员会和教学小组，供其用于修订学习目标和目的。至此，一个完整的闭环就形成了，如图 2 所示。

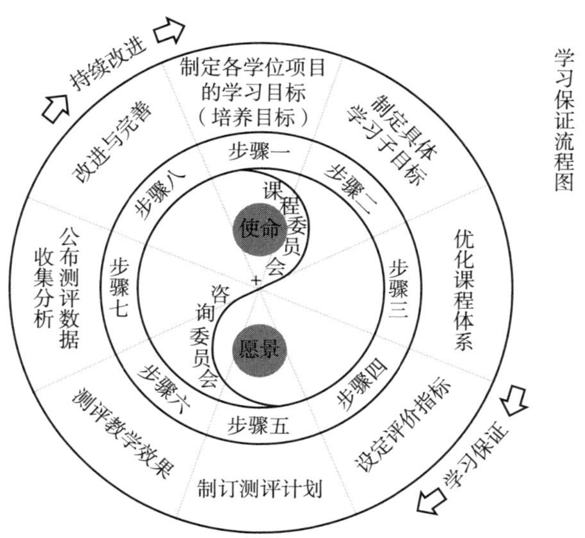

图 2　上海理工大学管理学院 AoL 体系运行情况

这一过程有三个目标：（1）确保课程学习目标与学校使命之间的紧密结合；（2）设计一个简单且可管理的过程，而不给教师带来过多的额外工作；（3）促进开放式讨论、互动和创新。

自 2011 年上海理工大学管理学院成为 AACSB 正式成员以来，已将 AoL 原则和方法整合到其现有的质量保证体系中。学院已完成了所有学位课程中每个学习目标的测试，并形成了完整的闭环。

在每一轮测试中，约有 40 名教员和 2000 多名学生参加，第一轮测量包括 6 门本科课程、15 门研究生课程、15 门 MBA 课程和 8 门博士课程。第二轮包括 4 门本科课程、7 门研究生课程、9 门 MBA 课程和 5 门博士课程（见表 1）。课程测试中所选多为量大面广的课程，在保证课程多样性的前提下，使尽可能多的学生参与到 AoL 体系中。在后期的持续改进中，至少每两年关闭一次循环来完成 AACSB 认证中对 AoL 的要求。

表 1　　本科、硕士、MBA、博士参与 AoL 测试的课程数量　　单位：门

轮次	本科	硕士	MBA	博士
第一轮	6	15	15	8
第二轮	4	7	9	5

四、AoL 体系对课程管理的影响

1. 课程目标紧密结合学院使命

在上海理工大学管理学院，课程管理分为三个层次：课程层次、学院层次和学校层次。每一层级在课程管理过程中都发挥着特定的作用，从而确保课程与学院使命紧密结合。

通过上文介绍的 AoL 运行机制中可以看到，整套流程从学院使命出发，最终回到学院使命，在课程管理过程中始终围绕学院使命建设相应的配套设施和制度文件。每门课程从学院使命出发设置的人才培养能力目标，即该课程的学习目标，通过学期初、学期中、学期末不同阶段，学生对课程知识和应用能力的监控和测试，动态把握每门课程与学院使命的对应关系，并且根据合理的反馈机制灵活调整课程教学方法，可以保证每门课程至少有一个强相关的能力

对应到学院使命中。可以看出，在 AACSB 认证中的 AoL 机制构建的要求下，每个专业的课程组合设置需要在学院使命驱动下的能力导向基础上进行，以使专业课程的设置最大程度达到所需能力培养目标，进而切实履行学院使命。

2. 形成一套完备的制度体系

AoL 体系强调的是“持续改进”，这一过程并没有严格意义上的终点。就是在这样一个看似无限循环的过程中，才得以形成一套完备的制度体系。

（1）课程组制度。每门课程成立课程组，由课程组组长与教务人员沟通配合，教务人员收集并整理 AoL 课程测试数据，提供给相关课程组组长，并组织该课程任课教师研讨分析数据，提出改进建议。

（2）教学监督制度。管理学院成立由各专业教学负责人组成的教学监督小组。该小组负责监督和检查教学相关事宜，例如，课程大纲、辅导答疑、考核方式等。

（3）教师评价制度。管理学院教师每学期必须认真完成听课工作，并填写听课记录，对所听课程进行打分。

（4）学生评价制度。每学期学院组织学生对当前学期所上课程进行评分，并反馈给教师。可以更好地保证教学质量、维护教学秩序。

（5）教务人员日常监督制度。教学管理人员与各个专业的教师建立一对一的关系，保持沟通、监督与合作，其中涉及所有与日常教学有关的事宜。除了为教师和学生提供服务外，教学管理人员还进行其他活动，如检查课堂出勤率等。

3. 课程管理更加明确、高效

课程管理是服务于人才培养的，人才培养的目标是让学生从课程教学中学习到理论知识和实践经验，更重要的是能力的提升。以往的学生更多地关注于学习“成绩”，但是“成绩”并不能全面衡量一个学生，AoL 体系引入的“学习目标”让学生更加明确自己上课可以获得的知识和相应的能力提升。

我国高校大学生绝大多数都是在传统“应试教育”的大环境中成长的，这难免会形成一定的思维惯性，他们注重的是自己的期末考试成绩，关注自己的考试成绩是否够高及别人对自己成绩的评价，这就使得他们在学习过程中会回避挑战，面对困难时无法攻坚。而 AoL 中的“学习目标”是个人在学习过程中，以学习知识和提高能力为目的，建立成就和实现价值的目标，主动寻求挑战性任务，面对困难时不惧怕不退缩。AACSB 认证特别重视课程目标的确定与修正，针对学生的课程目标与学习动机，任课教师与学院委员会可以广泛调研，根据调研结果适当采用干预措施，调整其中不合理目标，帮助学生树立正确的学习目标，使之与课程学习的预期成果保持一致。依托学生与教师在课程设置与教学、评价等诸多环节的互动交流，增强学生对课程的理解及对教学改革的支持。

4. 促进互动交流，开拓创新

（1）促进互动交流。AoL 中学习目标的设定让课程互动更加流畅，教师与学生在课程设计、课程内容、课程讲授与考核评价等环节都可以产生不同程度的互动，而课程的互动交流就是为了达成学习目标，两者相辅相成。AoL 体系为学生提供充分的机会与教师、行政人员和其他学生进行互动交流。学生与教师的交流可以涉及课程设置、课程开发、授课和评估，还可以就课内、课外的情况与教师对话，获得教师的指导。学生之间的互动是指学生有机会共同合作，讨论学习任务，共同完成学习目标。

（2）促进创新。管理学院积极关注先进的教育教学方法，并让教师紧跟步伐，将这些最新的教学内容和先进的教学方法融入自己的课程中。学院非常重视互联网和社交媒体等基于技术的创新，为了确保管理学院课程与现代商业运营和全球经济同步，还建立了机会均等、资源多元化、以学生为中心、学生参与教学内容设计与评价的网络教学资源基地。

另外，管理学院非常重视创新创业教育。开展了创新创业教育的系列举措，包括课堂教学、创新实践、创业培育和企业孵化等，使创新创业教育成为人才培养的重要组成部分。学院还开设了工商管理创业班以及大量创业实践课程，企业高管们被聘为教师和导师，指导在校大学生实践创业。学院积极组织学生申请创新创业项目，鼓励学生在上海申请创新创业项目，以获得企业的资金支持。近三年来，学生申请创新创业项目 70 余项，市级创新创业项目 46 项，国家级创新创业项目 6 项。每年有 10 多名教师被授予优秀指导教师或团队荣誉称号。

综合以上分析，AACSB 认证中 AoL 体系注重对每门课程学习目标的制定与修改，强调课程内容的更新与完善，对任课教师的教学方法以及学生实现学习目标的过程进行有效的系统管理，通过学生课程测试评估结果持续改进和优化，保证学习目标的实现，任课教师与学生、任课教师与学院教学管理人员、学生与学员管理人员应该保持顺畅沟通，为课程管理提供有力保障，最终达到高校对增强人才培养质量的目的。世界范围内通过认证或者正在认证的高校都得益于 AoL 体系的运作，使得高等教育质量能够持续提升。因此，学习借鉴 AACSB 的 AoL 体系建设，对我国高校教学质量和人才培养质量的持续改进与提升具有十分重要的理论意义和实践价值。

参考文献

［1］国家中长期教育改革和发展规划纲要（2010－2020 年）［J］. 中国民族教育，2010（3）：1－17.

［2］教育部关于全面提高高等教育质量的若干意见［J］. 中华人民共和国国务院公报，2012（22）：43－50.

［3］刘新颖 . 基于 AACSB 认证的 AOL 体系的建立与运行——以会计学专业为例［J］. 财会通讯，2018（25）.

［4］喜讯！上海理工大学管理学院通过 AACSB 国际认证［EB/OL］. 2018－05－02［2019－02－25］. http：//bs. usst. edu. cn/show. aspx？ info_lb＝511&flag＝377&info_id＝6427.

［5］王彤彤 . AACSB 认证标准对我国商科课程改革的启示［J］. 会计师，2016，233（2）：71－73.

［6］郑丽，杨宜，翟晶 . 国际商科认证视角下学习品质保障（AOL）体系的构建［J］. 黑龙江教育（高教研究与评估），2018（8）.

［7］季皓 . AACSB 视角下教学品质保障体系研究［J］. 黑龙江教育（高教研究与评估版），2017（5）.

［8］姜华 . AACSB 国际认证导向的商学院制度体系建设［J］. 大学教育，2018（11）.

［9］朱英 . AACSB 认证对我国高校教学质量保障体系建设的启示［J］. 中外企业家，2016（3）：205.

应用型商科院校学生英语应用能力培养的研究与实践

刘国萍*

摘要：随着高等教育进入大众化、普及化阶段，国家高度重视人才培养质量，出台了一系列相关的政策和措施。国家对高等教育国际化提出了更高的要求。现代服务业的发展对商科院校人才培养提出了新的要求。大部分高校学生也急切渴望通过自身的力量来促进社会的发展与建设，在学习过程中，掌握更多领域的知识与技能，强化自身综合素养，提高竞争实力。应用型商科院校培养学生英语应用能力，切实增强高校英语教学效果、提高教学质量，是我国各大高校英语教学中急需解决的重要课题。

关键词：英语应用能力　商科院校　培养策略

《国家中长期教育改革和发展规划纲要（2010－2020年）》中明确指出，要培养专业过硬且具备高素养的优秀人才及创新性人才。而对于商科院校的英语教学而言，全面培养各地区经济发展所需要的精通某一具体专业，同时又有着较强的英语口语表达能力的综合型人才，是推动区域经济发展的有效举措之一。为了更好地顺应时代的发展需求，拓宽高校大学生将来毕业的工作范围，就需要制定科学合理、系统化的教学方案及课程体系，按照学生需求安排课程，这样才能充分调动学生的学习积极性。本文通过阐释提升大学生英语应用能力的重要意义，分析当前培养现状，并通过转变教学观念、创新教学模式、构建课程体系、注重文化渗透等方面提出大学生英语应用能力提升的有效策

* 刘国萍，北京联合大学商务学院，基础教学部教师，副教授。研究方向：英美文学、英语教学、跨文化研究。

略，旨在为大学生将来良好的职业发展奠定坚实基础。

一、商科院校培养大学生英语应用能力的重要意义

在全球经济飞速发展的形势下，我国加快了改革开放的步伐，而社会对于复合应用型人才的需求也变得越发强烈。近几年来，许多研究均论证了英语应用能力在英语校园文化建设过程中的突出作用，纵观当前我国大学生英语应用能力培养现状，发现高校均存在不同程度的问题，不仅影响了应用能力的提升，同时也阻碍了大学生的个性化发展。对此，各大高校应对这一问题给予充分重视，并及时采取有效措施加以改善，真正满足当代大学生的实际需求，为区域经济的发展储备更多有效力量，输送更多所需人才。

（一）有助于商科院校培养学生应用能力教学目标的实现

《高校英语课程教学纲要》中明确提出：高校英语的主要教学目标是为了切实培养大学生的英语应用能力，尤其是听力与语言表达能力，能够让他们在将来的工作及人际交往中熟练应用英语进行有效的表述及书面表达。与此同时，还要加强大学生的自觉学习能力，深化其文化底蕴，提高综合文化素养，以此来更好地顺应我国当代经济发展趋势及满足国际交流的基本需求。对此，就需要高校英语教师在设计日常课堂教学活动过程中，既要有重视学生的基础性语言锻炼，也要适当安排有助于提高交际能力的活动。既要注重单个句型水平的锻炼，还要逐渐加强篇幅上的交际能力。在这一过程中，英语教师应充分渗透文化背景知识、丰富学生见识、拓展教学内容，便于学生更好地理解。语言学习是相对积极动态的过程，同时也是某一目标实现的行为。因此，语言学习的目的应以学生熟练应用语言、自由阐述主观想法、顺利并按时完成任务为基准。

（二）有助于商科院校语言学习目标的实现

科学合理的人才培养方式、创新高效的教学方法、全面系统化的课程体系能够充分调动学生的学习积极性与主动性，激发他们的内在潜能，发挥其主观能动性。在商科院校的英语教学当中，大学生的英语应用能力已成为当前的教学主要目标。为此，英语教师应对其提高重视程度，并结合英语课程特点与大

学生的实际情况，深刻意识到当前教学中存在的问题，进而采取针对性的有效措施，为学生提供最优质的教学服务，全方位地提高他们的英语应用能力，为其将来的职业发展奠定稳固的基础。

有关专家学者曾经在阐述让大学生了解并掌握英语知识的关键作用时提到，英语的综合应用能力应成为我国目前高校英语教学的根本目标。学生在学习英语的过程中，是否能在最后熟练地将其作为一种有效的国际交流工具，得到更多所需的有利信息，关键在于其对英语的实际应用水平。因此，必须高度重视并大力培养当代大学生的英语运用能力。也有专家表示，商科院校的英语教学应将培养学生的语言应用能力作为主要教学目标，教学的终极目标应主要指的是切实掌握了正确的学习技巧、具备随机应变能力，并能够灵活变通地熟练使用所学知识。知识的讲解与传递不应成为高等教育的唯一目标，教师的工作职责也要跨越传道、授业等方面的限制，从而全面提升学生英语的听、说、读、写、译等方面的应用能力。

二、培养大学生英语应用能力的设计理念与目标

基于国家、社会的要求，根据学校的办学定位、学院使命、人才培养目标，结合生源的实际状况，利用教育国际化趋势，把握京津冀一体化契机，依托商务学院 AACSB 认证，用国际标准进行顶层设计，实现高效、有序、可持续发展的学生英语应用能力培养体系；明确核心竞争优势，聚焦京津冀区域和现代服务业发展需求，培养应用型国际商务人才；遵循语言教学理论和学习规律，合理安排相应的教学内容和课时，形成反映北京联合大学商务学院特色、动态开放、科学合理的大学英语课程体系，使英语课程成为能够使学生终身受益的基础阶段英语应用能力培养课程。

（一）根据教育部教学指南制定英语应用能力培养目标

教育部的指南分三个层次：基础目标、提高目标和发展目标。其中，基础目标的教学要求主要针对英语高考成绩合格的学生，是大部分学生本科毕业时应达到的基本要求。提高目标和发展目标的教学要求分别针对大学入学时英语已达到较好水平的学生，也是对学生英语应用能力要求较高的专业所选择的要求。对英语高考成绩基本合格的学生，学校可适当调整基础目标的部分教学要

求。（北京联合大学商务学院学生属于基础目标和此层次要求的生源）

基础目标和教学要求：能够基本满足日常生活、学习和未来工作中与自身密切相关的信息交流的需要；能够基本正确地运用英语语音、词汇、语法及篇章结构等语言知识，在高中阶段应掌握的词汇基础上增加约2000个单词，其中400个单词为与专业学习或未来工作相关的词汇；能够基本理解语言难度中等、涉及常见的个人和社会交流题材的口头或书面材料；能够就熟悉的主题或话题进行简单的口头和书面交流；能够借助网络资源、工具书或他人的帮助，对中等语言难度的信息进行处理和加工，理解主旨思想和重要细节，表达基本达意；能够使用有限的学习策略；在与来自不同文化的人交流时，能够观察到彼此之间的文化和价值观差异，并能根据交际需要运用有限的交际策略。

提高目标和发展目标（中高级）：能理解一篇复杂的英语文章中的具体或抽象主题的基本内容，包括学习者专业领域的技术性讨论，能比较自如流利地和以英语为母语的人进行交际，双方都不感到紧张。能清楚、详细地用英语谈论广泛领域的话题，能就时事用英语发表自己的观点，并能对各种可能性陈述其利弊。

（二）商科院校的大学英语教学目标

按照教育部高等学校教学指导委员会（2015）的解读，英语应用能力是指用英语在学习、生活和未来工作中进行沟通、交流的能力。大学英语在注重发展学生通用语言能力的同时，进一步增强其英语交流能力和跨文化交际能力，以使学生在日常生活、专业学习和职业岗位等不同领域或语境中能够用英语有效地进行交流。以英语的实际使用为导向，以培养学生的英语应用能力为重点。

三、科学安排课程，构建完善的课程体系

为了顺应与符合高校英语教学纲要中的具体要求，教师应逐步调整并完善高校英语课程制定工作。教师需要使用英语学习软件设计出精良的阅读课程网络教学课件，充分将以往教学汇总的课后预习、题型训练、重点知识、解答疑难问题等全部转移到网络中，通过网络在线课程完成线下教学模式，不仅能够拓展教学内容，减轻教学压力，同时还能满足不同大学生的实际需求，促进他

们个性化的发展及满足学习需求，进而保证教学质量与效果，增强高校英语教学的实效性。

英语教师应将提升学生英语综合运用能力作为教学的重点内容，并把听力与语言表达能力的锻炼和培养纳入课程体系当中，将其提高到应有的地位上，且促进学生全面发展，从根本上提高当代大学生英语的听说读写译能力。由于高校英语教学与其他学科有着较大的区别，其并不是主要以讲解专业知识为根本目的，而最终是为了培养学生的英语应用能力，注重的是学生将所学知识有效运用到实践生活与工作中。对此，高校英语教师应激发学生的英语学习兴趣、调动他们参与教学活动的积极性、发挥其主观能动性，进而让学生养成自觉学习的良好习惯。在日常教学中，重视学生语言应用能力检测，在设计考试题型过程中，要按照教学纲要的具体要求，以怎样提升学生英语综合能力为基点，强化听说考试，兼顾读、写、译等，切忌脱离实际的教学内容，让英语考试成为切实有效的学业检测，将学生对英语课程的学习目标转移到增强英语实用价值上。

在课程设置方面，将英语课程可分为基础类课程（听说读写译）、拓展Ⅰ类课程（专门用途英语和学术英语）以及拓展Ⅱ类课程（语言技能和语言文化）三个重要组成部分，通过必修课、限定选修课和公选课实现。根据因材施教的人才培养理念，针对四年制本科生全面实施大学英语分级分层教学，具体课程学习、免修、重修以及动态管理规定如下：

全体学生需参加新生入学分级测试，根据学院分级标准，将学生分为两个级别：二级班 2 个（包括校级实验班），其他学生属于一级班。其中，全英班在全校范围内根据出国意愿及英语水平进行选拔。大学英语必修课程在三个学期修读完。学生还可以按照学习的需求和意愿选取以下拓展类课程：学生完成大学英语的必修课后在第 4、第 5 学期继续学习限选课商务英语Ⅰ和商务英语Ⅱ。学生可以依据学习的兴趣和意愿选修《英语综合技能》《雅思英语》《托福英语》《全球沟通》《英美概况》《澳洲文化》《英汉/汉英翻译》《英语国家文化》《英语影视欣赏》等能够提高学生英语应用能力的选修课。

四、构建立体化的培养学生英语应用能力的教学模式的探索

英语应用能力的培养是语言综合能力的培养，每种基本能力的提高都会对

其他方面的能力有好的促进作用，因此高校英语教师了解并在日常教学中树立立体化教学的理念，尝试构建立体化教学模式对于培养大学生英语综合应用能力将具有重要的理论和实践意义。鉴于以上的分析，培养大学生英语综合应用能力可以从认知的视角作出以下细节上的尝试。

（一）听说教学相结合

听力和口语是体现外语学习者对所学外语掌握情况及其实际应用能力的重要方面，也是检验外语教学成果最直接、最便捷的途径。在真实的社会交际中，听和说几乎是相伴而生的，所以从认知的视角看听说能力的培养是相辅相成的，说以听为基础，听为说做准备，因此在英语教学中，教师可以秉承"以听促说、听说相长"的理念，对学生听力和口语能力的培养同时进行。此外，在教学的过程中，教师也应不断学习，确保自身语言输出的准确性和流畅性，使学生能够接触到标准而自然的发音。教师在听说教学的环节中应适时对学生进行必要的引导，同时也尊重学生作为课堂学习者的主体地位。也就是说，在进行听力训练的过程中，可以通过设置与听力材料内容有关的问题来提示学生听的过程中应注意的重点，促使其思考，帮助其理解并进行回答。在培养学生口语交际能力的过程中，也需要有一定的热身练习，如对学生输入与口语任务有关的词汇、短语及常用口语句子等，可通过教师补充或听类似的录音材料来获取进行口语练习的语言素材。此外，学生通过听录音模仿地道的发音及语音语调，这对于英语口语交际也是至关重要的。只有发音正确，所说的内容才有可能为他人所理解，否则口语交际就成为空谈，交际能力和交际效果是好是差更无从谈起。

（二）阅读、写作与翻译教学相结合

写作与翻译最能体现学生的语言组织能力，学生作文和译文中中式英语频繁出现的根源就是学生的语言组织受到汉语思维习惯的影响，中西方人的思维模式和认知方式差异迥然。因此，只有培养学生思维和视角转换的能力才能减少中式英语的产生。

从认知的视角看，阅读在一定程度上为写作和翻译提供丰富的内容图式和百科知识图式，有助于写作能力的培养。通过阅读不仅能够拓宽知识面，了解百科知识，还能接触大量的词汇、短语等新的语言图式。最重要的是，通过阅

读能力的训练，学生能够学习到阅读技巧，如定位段落主题句、归纳文章中心、句与句间及段落间衔接、过渡的手段、掌握写作的格式等。善于学习的学生在教师的指点下还可以触类旁通，从中领悟到提高写作的途径，如撰写主旨句、段落组织等。

翻译能力的培养不仅需要学生多做翻译练习，还需要教师讲授必要的翻译技巧。此外，学生的英语水平，如所掌握的词汇量和对语法知识的熟练程度，在翻译时都会很清楚地体现出来；尤其是阅读和写作这两种基本能力的提高，对学生翻译能力的提升具有积极的促进作用。

（三）英语学习与专业知识学习相结合

对英语语言的认知方式较为陌生，其认知能力也处于较低的水平，因而大学生整体英语综合应用能力较差。培养大学生英语综合应用能力需要教师从多个方面努力，积极思索大学英语教学的新路子，帮助学生积累更多的认知图式，转变学生的思维模式，提高其英语语言认知能力。教师需要了解学生的需求，调动学生们对英语的兴趣，让学生从英语课堂上能够真正受益。如果在英语教学中补充与学生生活紧密相关、与所学专业相关的英语词汇、术语、英语新闻、文章、采访等学习材料，那么学生将能够学习到实用的英语，也势必对英语学习表现出更大的兴趣。学生可以了解英语国家人士的认知方式、提高认知能力，保持对英语学习的持续热情，对于商学院的学生应用能力的培养更是尤为重要。这就要求教师不仅要注重教学环境和教学方式的变化，还要拓宽教学思路，对教学内容进行补充和更新。教师可适度渗透语言学、文学、翻译、英语国家社会与文化等内容的教学。

（四）作业布置多元化、立体化

从认知的角度出发，以提高大学生英语综合应用能力为目的，教师在教学中渗透着立体化教学的思想，即横向跨学科、纵向英语的五种基本能力共同培养，纵横交织，全面培养学生英语应用能力。利用网络及多媒体的优势，不仅可以辅助课堂教学、提升课堂教学效果，还有助于学生进行课外自主学习及与教师的反馈。此外，借助计算机硬件和网络环境，学生作业的形式也可以实现多样化。就作业内容而言，作业布置可以有适当的灵活性，听说读写译的作业可以打通来布置，挑选一些较好的学习材料让学生从多方面进行学习，融会贯通，举一反三，不仅强化学习的效果，也让学生更深刻地认识到语言学习的本质和诀窍。

（五）注重文化渗透，培养跨文化交际意识

语言是文化的重要载体，各种语言背后都蕴藏着其国家深厚的文化底蕴，且不同国家文化之间都有各自的独特魅力，思想、信仰、体制等均存在着较大差异。其中对于语言的应用能力来说，要达到预想效果，就需要对语言国家文化有着一定的了解与掌握。文化是社会在某一特定时期下，经济与政治发展下的产物，映射着社会的观念，有着鲜明的阶级性。为此，在我国本土上所开展的高校英语教学工作不能够单纯依赖输入目的语言文化，应结合语言交际的双向性，在讲述外来文化的同时，也适当结合我国的本土文化。

大学生在利用英语介绍自身国家文化时，真正实现了英语学习由以往单一性的目的语言文化输入转变成了双向交流性的文化语言，通过两国文化间的全面对比，可以让大学生更易理解英语的具体含义，能够更加准确地应用它们。同时，让英语成为我国与其他国家有效沟通、拉近彼此距离的纽带。基于此，高校英语教师在日常上课过程中，不能过于注重英美国家文化的重要作用，以免学生出现价值偏离，在学习中失去自我。教师应在对目的语言国家文化输入的同时要加大学生用英语推广我国传统文化的语言表达能力培训力度。学生还应主动继承并传播我国传统优秀的民族文化。英语教学在一定程度上，是英语与本国母语文化的兼容并济，要利用恰当的英语实施有效的跨文化交流。学院应充分开发第二课堂，充分利用学生的课余时间，为学生提供充足的网络学习资源，包括新闻、纪录片、演讲、电影、电视剧等，让学生利用课余时间，学习并完成相关任务。任务主要以输出驱动为主，如模仿、表演、复述、概括等。

全院范围倡导和创建英语学习氛围：在英语学习过程中，教师鼓励学生大声朗读和背诵；继续开展各项英语竞赛和英语文化节，利用英语背诵、朗读、演讲、辩论、表演和演唱等形式鼓励学生展示自己。这些比赛和活动可以让学生以赛代练，鼓励学生积极参加英语相关的各项大赛。由英语老师对学生进行专题辅导，确保学生得到有针对性的分析和专业的指导；初赛由英语老师担任评委，以保证比赛的专业性。得奖的同学可以得到与学分有关的奖励。

综上所述，提高认知能力，树立立体化教学理念和教学模式，对于大学生

英语应用能力的培养具有至关重要的意义。听、说、读、写、译能力是英语学习者需要具备的五种基本能力，大学英语教师在日常教学中应积极思索，根据学生的学习情况，有意识、有步骤、有计划地培养其认知能力，帮助其找到语言学习方法，使其在英语学习中找到乐趣，同时在潜移默化中提高其英语应用能力。使学生在专业知识学习中体会到学好英语的重要意义，真正实现开设大学英语课程的目的。

参考文献

[1] 温海花，丁天华，胡榕．大学生英语应用能力现状和英语思维教学对策［J］. 英语广场，2014（2）：81－85.

[2] 关晨，侯艳宾，李颖．大学生英语应用能力现状与需求的对比研究［J］. 世界教育信息，2009（9）：36－38.

[3] 谢康．认知视域下的大学生英语应用能力培养与立体化教学模式构建［J］. 齐齐哈尔师范高等专科学校学报，2014（4）：159－161.

[4] 田延明，王淑杰．心理认知理论与外语教学研究［M］. 北京：北京大学出版社，2010：328.

[5] 邓颖玲．网络环境下立体化教学模式在“英语视听说”教学中的应用：“英语视听说”国家精品课程建设例析［J］. 外语与外语教学，2009（11）：25－27，31.

课程建设与教学方法改革

基于 AACSB 认证 AoL 体系的基础工业工程课程考核体系设计*

耿秀丽**

摘要： 高等学校是社会人才的培养基地，提高高等学校的教育质量是推动社会发展的重要力量，国际高等商学院协会认证为商科院校教育质量保证提供了科学的指导。以工业工程本科专业为例，在探讨学习质量保障体系建立与运行机制的基础上，对基础工业工程课程考核体系进行设计。采用质量功能展开方法将本科培养目标转化为课程目标、再将课程目标转化为课程考核目标并计算其重要度，以此为依据设计课程考核体系。

关键词： AACSB　AoL　课程考核　质量功能展开

一、引言

国际高等商学院协会（The Association to Advance Collegiate Schools of Business，AACSB）成立于1916年，是目前国际上公认的最具权威、影响力最高的高等商学院非营利认证组织之一。该组织采取高等教育机构自愿参与的方式，按照组织认证程序和标准对高等教育机构使命、课程以及教师等方面进行详细的评估和审查，目的是通过认证来提高全球商科教育教学水平和教学质量。AACSB 认证标准严谨科学、要求严格，全球商学院都以能获得其认证作为衡量自己教学科研水平、师资力量等的标准。截至2019年1月，中国大陆

* 基金项目：2019年上海理工大学度教师教学发展研究项目。

** 耿秀丽，上海理工大学管理学院工业工程系，副教授，博士。主要研究方向：工业工程。

地区仅有25所商学院获得AACSB认证。

学习质量保障（assurance of learning，AoL）体系是AACSB认证标准中体现教学水平的核心内容之一。在AACSB颁布的2013版认证标准中共有15条具体标准，包括战略管理与创新、参与者、学与教、学术和职业发展四部分内容，AoL属于第三部分内容。AoL强调在教学活动中以学生为主、教师为辅，重视对学生学习效果的考核。AoL标准蕴含了先进的教育理念，不少学者对AoL的标准和程序、AoL体系的建立进行了研究。刘松鸽和张洁（2014）对AoL标准和程序进行研究，并对我国商学院建立AoL体系提出了建议。李月琳和梁娜（2014）对AACSB认证标准中的教育理念和教育质量管理方法以及AoL体系的特征进行了介绍，并基于此探讨我国图书馆学本科教育质量管理方法。季皓（2017）分析了AoL标准的变革历史、标准内容和实施过程几方面，并结合我国高校教学实际情况给出建议。郑丽等（2018）以北京联合大学商务学院为例，分析了AoL体系的设计原则以及AoL体系的具体运行流程。刘新颖（2018）阐述了AACSB认证的理念以及AoL运行机制，以会计学为例探讨了AoL体系的建立和运行流程。郑丽和杨宜（2014）基于对AoL概念、流程的理解，探讨了大学计算机基础课程教学设计方法。AACSB为我国商学院的建设提供了科学的指引，而建立和运行一套完整的AoL体系是通过AACSB认证的关键。

上海理工大学管理学院自2011年申请成为AACSB会员以来，对学院的教学管理体系、教学课程等进行持续改进，并于2017年提交AACSB初次认证自评报告。AACSB考察团队对学院战略管理、科研、师资团队、AoL课程管理等方面进行严格的现场评估后，学院于2018年5月正式通过AACSB国际认证。获得AACSB认证并不意味着止步不前，相反AACSB国际认证是一个长期的帮扶计划，管理学院需要在其指引下持续发展。教育教学水平的提高是本科培养的基本保证之一，有效的考核体系能检测学生的学习效果、激发学生的学习积极性和主动性，从而在一定程度上提高教学质量。本文以工业工程本科专业为例，研究基础工业工程课程考核体系的设计。对学生进行考核的主要目的是检测学生学习是否达到预期效果，AoL流程将学生的考核结果与学习目标进行对比分析，并在此基础上调整下一步的学习目标，优化教学方法、教学内容等，形成一个闭环的持续改进的系统。本文从本科培养目标出发，首先基于质量功能展开（quality function deployment，QFD）将其转化为基础工业工程课程的课程目标，其次再将课程目标映射为考核目标，最后依据各考核目标的权重设计课程考核体系。

二、AoL体系的建立与运行

AoL是AACSB认证的重要内容，建立和运行AoL有利于持续改进教学质量，是实现学院使命的有效途径。2013版AACSB认证标准中的第8条标准和第9条标准体现了AoL标准，其涉及内容分别为“课程管理与学习效果保障”以及“课程内容”。从标准中可以看出，AoL的核心在于以学生为中心、持续改进教学质量。AoL的运行流程如图1所示，其建立与运行机制涵盖的具体内容如下：

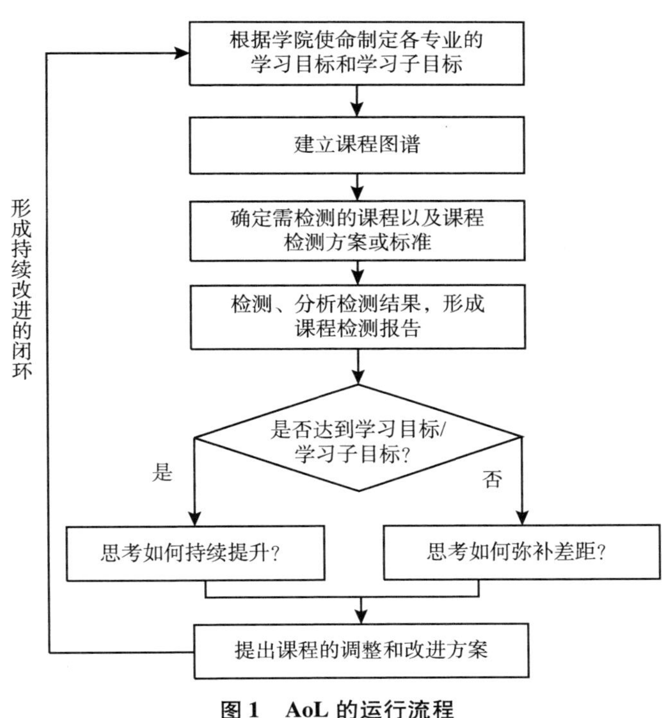

图1　AoL的运行流程

1. 根据学院使命制定各专业的学习目标和学习子目标

AACSB强调“使命导向”，各专业应充分考虑学院使命确定其学习目标和学习子目标，同时也要反映出学生掌握专业知识、解决相关问题等的专业技能以及沟通表达、发现问题等的普通技能。

2. 建立课程图谱

课程图谱是一种将专业设计课程与专业学习目标、学习子目标融合于一张图的课程规划工具，其主要作用是判断所设计专业课程的合理性。课程图谱的建立是学院使命驱动并以专业学习目标和学习子目标为依据。

3. 确定需检测的课程以及课程检测方案或标准

课程图谱中的各门课程反映了专业学习目标以及学习子目标，根据课程与目标间关系的强弱确定需检测课程。对课程进行检测是衡量学生学习效果的一种途径，检测方案的确定应该由课程牵头负责人进行深入研究并经过严格的审核后确定。检测方式主要有课前选择、课程嵌入式措施和独立测试三种。

4. 检测、收集并分析检测结果，形成课程检测报告

根据各门课程相应的检测方式对学生进行检测，并对检测后的数据进行详细的整理和分析，形成课程检测报告。检测报告中应能体现学生对学习目标的完成程度、对课程知识的掌握程度等方面的内容。

5. 根据检测报告提出课程的调整和改进方案

根据课程检测报告中的反馈信息，分析学生实际学习情况与专业学习目标、学习子目标之间的差距，对课程的教学方案、课程学习目标等进行调整和改进。这就又回到根据学院使命制定学习目标的步骤中，如此反复进行，实现教学质量的持续改进，形成一个闭环系统。

可以看出，AoL 是以学院使命驱动、强调学生参与并以学生为中心的学习质量保证体系。建立并有效运行上述 AoL 流程是鉴定某学习项目是否达到 AACSB 认证标准的重要准则之一。AoL 的基本原则给高校学科发展提供了科学的指引，建立并运行 AoL 有利于改进教学质量、提高学生学习效果。

三、基础工业工程课程考核体系设计思路

工业工程是一门将工程技术和管理技术相结合的综合性学科，教育部《普通高等学校本科专业目录和专业介绍（2012）》将基础工业工程课程列为工业工程专业的主干课程。基础工业工程课程不仅注重学生对理论知识的掌握，更强调学生对知识的实践应用能力，仅通过传统测试方式对学生进行考核难以全面检测学生的实际学习效果。依据 AACSB 认证 AoL 标准对基础工业工

程课程考核体系进行设计，能将专业学习目标与考核方式有效联结，以此实现基础工业工程课程教学质量的持续改进。

考虑本科培养目标确定基础工业工程课程考核体系能更有效地检测学生对课程知识的掌握程度以及培养目标的完成程度。以“本科培养目标”代替 QFD 过程中的“顾客需求”，通过“质量屋”将本科培养目标依次展开为基础工业工程课程目标、课程考核目标，最后以此为依据设计课程考核方式、内容。基础工业工程课程考核体系设计的 QFD 展开模型如图 2 所示，具体设计思路如下：

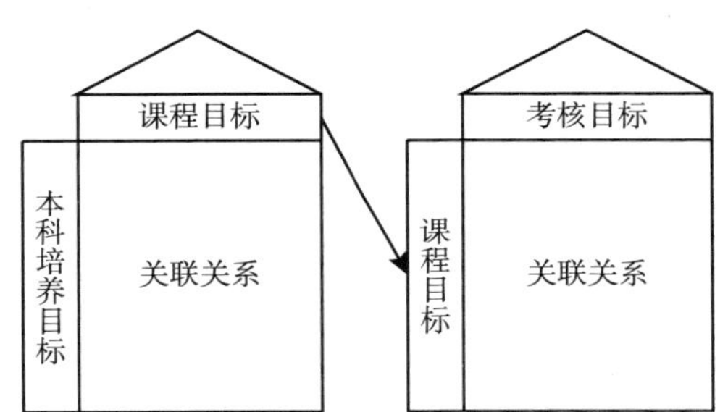

图 2　基础工业工程课程考核体系设计的 QFD 展开模型

1. 确定本科培养目标以及本科培养目标的权重

最优最劣法（best worst method，BWM）是由荷兰学者雷扎伊（Razaei）于 2015 年提出的一种多准则决策方法。相比传统确定指标权重常用的层次分析法，BWM 方法无须将所有指标进行两两比较，而只需将各指标分别与最优指标和最劣指标进行对比，其计算更加简便且能较好地提高评价的一致性。BWM 方法的计算步骤如下：

步骤 1：假设本科培养目标 $C_i(i=1,2,\cdots,m)$，由决策者从 m 个指标中选择 1 个最重要的指标记为 C_B，最不重要的指标记为 C_W；

步骤 2：将指标 C_B 与各指标进行比较，令 a_{Bi} 表示指标 C_B 相对于指标 C_i 的重要程度，则评价结果 $A_B=(a_{B1},a_{B2},\cdots,a_{Bm})$，本文采用 1 ~9 标度进行打分；

步骤 3：将各指标与指标 C_W 进行比较，令 a_{iW} 表示指标 C_i 相对于指标 C_W 的重要程度，则评价结果 $A_W=(a_{1W},a_{2W},\cdots,a_{mW})$；

步骤 4：构建数学规划模型，确定本科培养目标 C_i 对应的最优权重 w_i：

$$\min\max_i\left\{\left|\frac{w_B}{w_i}-a_{Bi}\right|,\quad\left|\frac{w_i}{w_W}-a_{iW}\right|\right\} \tag{1}$$

$$\text{s.t.} \sum_{i=1}^{m} w_i = 1, \ w_i \geqslant 0$$

2. 将本科培养目标转化为课程目标，并计算课程目标的权重

根据本科培养目标确定基础工业工程课程目标 $F_j(j=1, 2, \cdots, n)$，采用专家打分法对本科培养目标和课程目标间的关联关系进行评价得到其关联关系矩阵 $[r_{ij}]_{m\times n}$，基于 QFD 方法计算课程目标的权重 w_j'为：

$$w'_j = \sum_{i=1}^{m} w_i \cdot r_{ij}, \ j=1, 2, \cdots, n \tag{2}$$

3. 将基础工业工程课程目标转化为考核目标，并计算考核目标的权重

根据基础工业工程课程目标确定考核目标 $G_k(k=1, 2, \cdots, t)$，采用专家打分法对课程目标和考核目标间的关联关系进行评价得到其关联关系矩阵 $[u_{jk}]_{n\times t}$，基于 QFD 方法计算考核目标 G_k 的权重 w''_k：

$$w''_k = \sum_{j=1}^{t} w_j \cdot u_{jk}, \ k=1, 2, \cdots, t \tag{3}$$

4. 根据考核目标的权重，设计基础工业工程课程的考核方式、考核内容等

考核目标是本科培养目标的映射，考核目标的权重越大表明该项内容与本科培养目标的关系越大，应重点关注。

四、基础工业工程课程考核体系设计

基础工业工程课程作为上海理工大学管理学院工业工程本科专业的重点课程，本文按照 AoL 原则采用 QFD 方法对其考核体系进行设计。上海理工大学管理学院本科培养目标如表 1 所示。

表 1　上海理工大学管理学院本科培养目标

本科培养目标	本科培养子目标	本科培养目标	本科培养子目标
理解商业及管理中的基本概念、理论和工具，在全球动态市场中运用所学知识	定性定量技术能力（C_1） 信息技术能力（C_2） 全球视野（C_3） 多文化视野（C_4） 对市场动态化和多样性的理解（C_5）	有效的口头和书面沟通能力，重视团队合作	报告能力（C_6） 演讲能力（C_7） 辩论能力（C_8） 理解团队行为（C_9） 领导力（C_{10}） 团队决策能力（C_{11}）

续表

本科培养目标	本科培养子目标	本科培养目标	本科培养子目标
能够利用批判性和创新性思维识别和处理商业和管理中的问题及机遇	跨学科知识（C_{12}） 持续学习及使用新技术的能力（C_{13}）	理解个人与组织的道德、法律、社会责任	理解道德、法律及社会责任的概念（C_{14}） 在商业活动过程中正确理解、评价并运用道德、法律及社会责任（C_{15}）

根据公式（1）采用 BWM 方法计算本科培养目标的权重依次为：0.115、0.063、0.032、0.015、0.025、0.011、0.007、0.005、0.014、0.009、0.038、0.042、0.125、0.125、0.375。根据表 1 中的上海理工大学管理学院本科培养目标，确定基础工业工程课程的课程目标依次为：了解国内外行业应用（F_1）、分析应用案例（F_2）、掌握工作研究基本方法（F_3）、理解工作研究内涵（F_4）、学会改进现有程序或作业（F_5）。专家采用 1-3-5 打分法（1 表示相关，3 表示较相关，5 表示强相关）对本科培养目标和课程目标间的关联关系打分，得到二者间的关联关系矩阵如表 2 所示。

表 2　　本科培养目标和课程目标间的关联关系矩阵

	F_1	F_2	F_3	F_4	F_5
C_1	0	3	3	0	1
C_2	3	5	1	0	5
C_3	5	0	0	0	0
C_4	5	0	0	0	0
…	…	…	…	…	…
C_{15}	5	5	0	3	3

根据公式（2）采用 QFD 方法计算课程目标的权重依次为：0.236、0.291、0.053、0.203、0.217。根据上述五个课程目标，将其转化为“基础工业工程”这一门课程的考核目标为：小组案例讨论（G_1）、作业类报告（G_2）、课堂讨论（G_3）、基础知识考核（试卷）（G_4）。专家采用 1-3-5 打分法对课程目标和考核目标间的关联关系打分，得到二者间的关联关系矩阵如表 3 所示。

表 3 课程目标与考核目标间的关联关系矩阵

	G_1	G_2	G_3	G_4
F_1	1	0	1	5
F_2	3	0	3	5
F_3	0	1	1	5
F_4	3	3	0	3
F_5	0	3	1	5

根据公式（3）采用 QFD 方法计算考核目标的权重依次为：0.191、0.146、0.153、0.510。根据权重计算结果，基础知识考核（试卷）（G_4）权重最大，其次是小组案例讨论（G_1）、作业类报告（G_2）和课堂讨论（G_3）。根据结果，本课程制订了相应的考核方案。期末考试和平时成绩各占 50%。其中平时成绩包括小组案例讨论、作业类报告和课堂出勤及讨论三个部分，权重分别为 40%、30% 和 30%。考核内容均与了解国内外行业应用（F_1）、分析应用案例（F_2）、掌握工作研究基本方法（F_3）、理解工作研究内涵（F_4）、学会改进现有程序或作业（F_5）建立相应的关联。

五、考核评估与建议

将学生四部分的考核成绩乘以相应的百分比，然后根据考核内容与五个课程目标之间的关系，将学生各部分成绩拆分为课程目标分值。单纯用平均分衡量各课程目标的实现程度并不能反映其模糊性和随机性。云模型既能反映定性概念的模糊性，又能对定性概念的不确定性和随机性进行描述，可以建立评价指标定量数据到定性概念之间的映射。目前云模型已经在数值优化、方案评价等领域得到了广泛的应用。模型用数字特征（Ex，En，He）表示，其中 Ex 表示期望值，是最能描述这一模糊信息的数值；En 表示熵值，是指这个模糊信息的宽度，反映了这一模糊信息的不确定性，熵越大，不确定性的程度越高，在云图上表现为云的跨度越大；He 表示超熵值，它反映熵值的不确定性，即这一模糊信息的离散程度，超熵越大，离散程度也越大，随机性越大，在云图上表现为云层的厚度越厚。

考核评估的具体思路如下：首先将各学生四部分的成绩分别乘以对应的比

重，然后根据考核内容与课程目标间的关联关系将学生成绩拆分为课程目标分值，最后分别以所有学生的各个课程目标分值为输入，采用逆向云算法得出各课程目标对应的云模型。以图 3 为例，从左到右各云图对应的课程目标依次为：掌握工作研究基本方法（F_3）、了解国内外行业应用（F_1）、学会改进现有程序或作业（F_5）、理解工作研究内涵（F_4）、分析应用案例（F_2），由此可以看出，目前课程目标 F_2 的实现效果相对较好，而 F_5 和 F_4 的实现效果相对一般，F_3 和 F_1 的实现效果最差。此外，从图 3 中可以看出，各云图的跨度和宽度都不大，说明学生成绩整体差距不是很大。

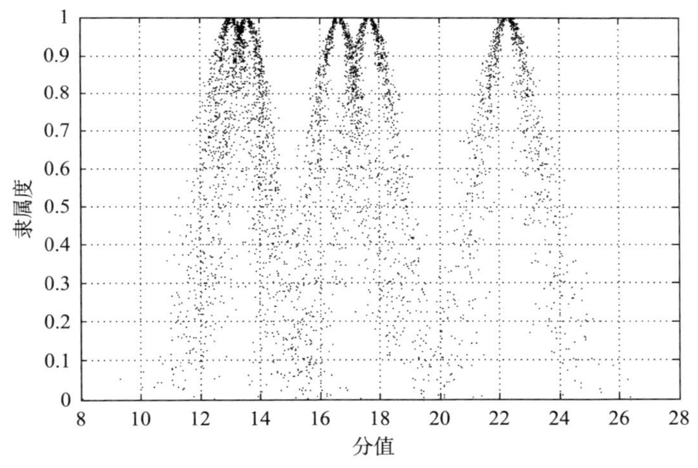

图 3　各课程目标对应的云图

以学生为中心、持续改进教学质量是 AoL 的核心理念，在建立和运行 AoL 体系过程中，应重视每一轮循环中各个节点的实施效果。一方面，学院应加强课程管理，鼓励学生从课堂和社会两个方面提高自身对课程的理解和体会，例如，可以邀请相关企业成功人士为学生开展专题讲座、组织学生开展课外实践活动等；另一方面，不仅要重视对学生的考核，对教师的考核也同样重要，例如，可以建立多阶段的教学评估，在教学过程中和课程结束后分别对教师进行评估。

六、结论

在建立和运行 AoL 体系的基础上对基础工业工程课程进行设计，就是基于学院使命确立相关学习目标并根据这些目标确定最佳考核方式，然后将考核结果作为下一轮 AoL 循环的参考。AoL 体系是一个持续改进的闭环系统，实际运行过程中每一轮循环都应扎实进行，及时发现和纠正教学中的问题，促进学校教学水平的可持续发展。

参考文献

［1］郑丽，杨宜，翟晶．国际商科认证视角下学习品质保障（AOL）体系的构建［J］．黑龙江教育（高教研究与评估），2018（8）．

［2］刘松鸽，张洁．商学院内部教育质量保障体系建设的研究——基于 AACSB 认证的视角［J］．上海管理科学，2014（5）．

［3］李月琳，梁娜．使命导向的教育质量管理：AACSB 认证与我国的图书馆学本科教育［J］．图书情报知识，2014（6）．

［4］季皓．AACSB 视角下教学品质保障体系研究［J］．黑龙江教育（高教研究与评估版），2017（5）．

［5］刘新颖．基于 AACSB 认证的 AOL 体系的建立与运行——以会计学专业为例［J］．财会通讯，2018（25）．

［6］郑丽，杨宜．基于学习质量保障体系（AOL）的课程建设研究——以“大学计算机基础”课程为例［J］．北京教育（高教），2014（12）．

［7］刘新颖．应用型本科财务管理专业课程体系之建设——基于 AOL 视角［J］．财会月刊，2016（24）．

［8］李卫红，李和瑾，范海龙．“学以致用”模式的“基础工业工程”课程改革研究［J］．常州工学院学报，2017（3）．

［9］李德毅，孟海军，史雪梅．隶属云和隶属云发生器［J］．计算机研究与发展，1995（6）．

［10］Zang W，Ren L，Zhang W，et al. A Cloud Model Based DNA Genetic Algorithm for Numerical Optimization Problems［J］. Future Generation Computer Systems，2018.

［11］弓晓敏，于长锐．基于云模型的改进 TODIM 方案评价方法［J］．系统工程与电子技术，2018（7）．

基于 AoL 的学生定性分析能力的培养及检测研究

付丽丽*

摘要：学生定性分析能力是最基本的一项能力，商务学院全面启动 AACSB 认证后，构建了学习质量保障（AoL）体系，依据该体系构建的学生定性分析能力的检测标准对持续改进《商务研究方法及实务》课程建设、更好地培养学生定性分析能力发挥了积极的作用。

关键词：AoL　定性分析能力　培养及检测

一、研究背景

定性分析是一种非数量的分析方法，是相对于定量分析而言的，它是一种主要依靠研究人员丰富的实践经验、严密的逻辑思维能力、主观判断和分析能力推断出事物的性质和发展趋势的分析方法，这类方法主要适用于一些没有或不具备完整数据而只有文字的事项。定性分析能力是确定研究对象具有某种属性的分析能力，与学生的创新能力密切相关，它也是当代大学生比较欠缺的一种能力。北京联合大学商务学院开设的与定性分析能力培养相对应的课程是《商务研究方法及实务》，从 2015 年开始，《商务研究方法及实务》被纳入学习质量保障（assurance of learning，AoL）体系中，进行了四轮检测。

北京联合大学商务学院在 2013 年 10 月加入国际高等商学院协会（The

* 付丽丽，北京联合大学商务学院，电子商务系教师，博士。主要研究方向：互联网经济、企业管理。

Association to Advance Collegiate Schools of Business International，AACSB），该组织成立于1916年，是全球首屈一指的商学院和会计项目非政府认证机构。AACSB认证代表着全世界商学院的最高成就，商务学院全面启动了AACSB认证工作，构建了AoL体系。AoL体系关键在于：（1）设立学习目标和可测量目标，使教与学相互协调，教师对学生的评价与学生的学习目标相互一致；（2）构造整套体系和流程，有效收集证据资料，以反映出学习目标的实现程度；（3）对学习目标的各项指标进行评估，通过报告反馈形成闭环，以实现持续性改进。

二、基于AoL学生定性分析能力培养的检测设计

对商务学院学生而言，运用所给的文字材料对某一主题进行定性分析是其应该具备的一项基本能力，它不是文字资料的简单堆砌复述或者复制粘贴，而是基于缜密的逻辑思维能力，以一定的理论基础为指导构建定性分析的框架，运用多样的研究方法系统有组织地进行分析。这种分析能力是理论联系实践的能力。《商务研究方法及实务》课程就是培养学生定性分析能力的课程。

1. 课程的地位、目标和任务

《商务研究方法及实务》是引进西苏格兰大学课程之一。该课程在介绍商务研究的基本概念、商务研究的设计和方法的基础上，重点讲述商务研究方法及实务论，并介绍研究论文的撰写方法；主要目的是通过系统的商务研究方法及实务和技巧的学习和训练，帮助学生理解并掌握提出问题、分析问题、解决问题的方法的过程和步骤，培养学生定性分析能力。提高学生独立进行商务研究的能力，支持管理决策的能力，并为学生综合运用专业理论知识撰写毕业论文，特别是培养其到工作岗位后研究和解决实际商务问题的定性分析能力奠定基础。

2. 学习目标与课程的关联关系

为了保证《商务研究方法及实务》的学习目标、能力培养目标与课程保持一致，根据AACSB认证标准，按照AoL体系的具体要求，教学团队设置了学习目标，并制定了它们与课程的关联关系，如表1所示。

表1 学习目标与课程的关联关系

学习目标（learning goals）	能力目标（learning objectives）	相关程度
具有批判性思维	能够辨识并确定关键问题	√
	能够通过分析论证作出合理判断	√
具有沟通表达能力	具备良好书面表达能力	√√
具有定性分析能力	掌握定性分析方法，并能分析实际问题	√√
具有信息管理与信息系统专业能力	具备应用专业知识、技术和方法分析并解决实际问题的能力	√

注：√表示相关，√√表示强相关。

3. 设置检测项目

根据学习目标与课程的关联关系，教学团队把检测内容设置到学生定性分析能力的培养方面，制定了详细的检测项目，如表2所示。

表2 检测项目

检测内容	具有定性定量分析能力
	掌握定性分析方法，并能分析实际问题
检测方法	期末闭卷考试中的“研究策略及方法”部分的分析及改写，通过单独给出该部分的案例，要求同学进行评价、分析、改写。AoL评测部分成绩占期末试卷成绩的20%，占课程总评成绩的10%
检测对象	2017级国际商务及信息管理与信息系统专业本科学生
检测比例	全部进行检测

4. 构建考核方式及评价标准

考核方式是根据学习目标及能力目标构建的与课程相适应的检验学生学习成果的方法（见表3）。评价标准是检测项目的具体测评依据，它以分数的形式直观地表示出对学生定性分析能力培养的评价结果，主要依据学习目标、能力目标设计《商务研究方法及实务》课程的评价方式及评价标准，如表4、表5所示。

表 3 **考核方式**

学习目标（goal）	具有定性定量分析能力
观测点/学习成果（traits/outcomes）	掌握定性分析方法，并能分析实际问题
考核方式	期末闭卷考试中的“研究策略及方法”部分的分析及改写
学习成果评价标准	优良：对定性研究方法的分析及改写恰当，过程规范，结论合理，80～100 分 合格：对定性研究方法的分析及改写基本正确，过程基本规范，结论基本合理，60～79 分 不合格：对定性研究方法的分析及改写不恰当，过程不规范，结论不合理或存在明显错误，60 分以下

表 4 **评价标准**

学习目标（goals）	能力指标（objectives）	评价标准	不合格（0～59 分）	合格（60～79 分）	优良（80～100 分）
具有定性定量分析能力	掌握定性分析方法，并能分析实际问题	对研究策略基本概念和类别的掌握程度，对常用研究方法的理解程度，考核应用研究方法分析、解决商务问题的能力高低	缺少对研究方法概念、内涵和研究途径的正确理解。不具备应用理论和方法分析、解决实际问题的能力	1. 能够较恰当地运用所学方法分析商务问题；2. 能够结合实际运用所学的研究方法设计解决问题框架；3. 思路基本清晰，框架基本完整，可操作性较强	1. 能够很好地运用所学方法全面地分析问题；2. 能够结合实际运用恰当的研究方法设计解决问题框架；3. 思路清楚，框架完整，逻辑清晰，可操作性强

表 5 **评分标准**

1	定性研究工具（20 分）	16～20 分	对定性研究工具的分析、选择恰当，应用正确
		12～15 分	对定性研究工具的分析、选择基本恰当，应用基本正确
		0～11 分	对定性研究工具的分析、选择不恰当，应用不正确
2	定性分析过程（50 分）	40～50 分	能利用定性研究方法准确、合理地分析问题，过程正确
		30～39 分	能利用定性研究方法基本准确、合理地分析问题，过程基本正确
		0～29 分	定性研究过程存在明显错误
3	分析结论（30 分）	24～30 分	定性研究分析结论合理、准确
		18～23 分	定性研究分析结论基本合理、准确
		0～17 分	定性研究分析结论存在不合理和明显错误

5. 能力培养、证据收集、结果分析

对学生定性分析能力的培养，教学团队采用多种教学方式：（1）案例教学，运用大量的案例，结合理论知识直观地向学生展示定性分析的步骤、方法，这是学习的过程；（2）布置作业，用一些研究主题布置运用不同的研究方法进行定性分析的作业，这是模仿写作的过程；（3）个人或小组汇报，通过制作 PPT 进行个人或小组展示，要求学生之间进行相互点评，这是互相学习找出不足的过程；（4）课堂小测验，通过不定期的课堂小测验考查重要知识点，这是检测及巩固知识点的过程；（5）大作业，要求学生撰写期末大作业，这是训练学生逻辑思维能力及构建定性分析框架能力的过程；（6）期末闭卷考试，这是检测学生整体定性分析能力过程；（7）鼓励学生参加各种大赛，大赛是培养学生综合素质及各种能力的最有效的手段，它能够在接近于真实的场景中把课程的学习和能力的培养完美地结合起来，而大赛需要撰写申报书、结题报告等文字资料，这些离不开定性分析能力，这是个培养、运用及检测学生定性分析能力的过程。

以上这些学习成果，是学生定性分析能力培养过程中的证据，对这些证据进行收集，可以反映学生定性能力培养的过程。期末考试的试卷中的部分内容是基于以上制定的基于 AoL 检测标准和方法的直接检测，对其结果进行详细分析，形成 AoL 学习目标检测报告，能够判断出未能达到预期目标的学生比例及未达标内容，并剖析其所反映的学生能力不足的具体方面。

6. 提出改进方案，形成闭环

根据 AoL 学习目标检测报告，教学团队会进行研讨分析，总结学生定性分析能力未达标背后的原因，并根据学生实际情况提出针对性的改进方案。通过之前四轮的检测，团队发现改进的方面主要是：（1）继续加强案例教学以加深学生对问题的理解；（2）加强与学生的互动及沟通，增加双向交流的机会，及早发现学生的薄弱环节；（3）改进考核方式，主要指期末考试案例的选择、时间的安排、考试写作顺序的改变等方面，使学生有充足的时间及充沛的精力进行考核；（4）鼓励学生参加各种大赛，从实践中带着问题培养定性分析能力；（5）授课过程中充分调动学生的积极性，变被动学习为主动学习，变被动实践为主动实践。

教学团队在提交检测报告后，经学院 AoL 体系建设指导委员会审核通过后再提交下一轮的检测方案，检测方案持续改进，通过后会进行下一轮的检测。这个过程就是持续改进、持续检测，形成闭环的过程。

三、结论

商务学院的学生在进入大学之后没有语文的学习了，再加上对数学的畏惧，对英语的重视、对专业课的紧张，他们大部分的时间都消耗在这些课业上。而定性分析能力作为大学生最基本的能力，无论是现阶段还是以后走向工作岗位，都是不可或缺的重要的能力，如何通过《商务研究方法及实务》课程培养学生定性分析能力是教学团队持续思考的问题。

AoL 体系的引入是 AACSB 认证的关键环节，它改变了传统教学模式下目标不清晰、教学程序欠规范、教学效果保障力度弱、教学缺反思的局面。它帮助教学团队不断审视课程的知识结构与学习目标、学习能力培养之间的符合度，寻找差距，分析差距形成的原因，督促采用各种方式进行持续改进，强调课程的教学形成闭环，不断修正。

《商务研究方法及实务》课程由原来的理论课改成了现在的实务课，伴随着 AoL 体系的不断深入，教学团队对课程结合实务方面的理解不断加深，教学模式日益成熟，学生经过该课程的学习，在参加各种大赛和科技活动中积淀了更多的实务经验，为其在最后一学年撰写毕业论文以及最终开启职业生涯奠定了坚实的基础。

参考文献

[1] 李利勇．数学定性分析能力的培养问题［J］．天中学刊，2003（2）：120.

[2] 王瑞丰．基于 AoL 体系的集中实践课程教学模式创新——以市场营销专业为例［J］．金融理论与教学，2015（3）：76－81.

[3] 郑丽，杨宜．基于学习质量保障体系（AOL）的课程建设研究——以“大学计算机基础”课程为例［J］．北京教育（高教），2014（12）：65－67.

高校金融学专业“金融投资公司”教学设计

耿广奇*

摘要：在分析金融学专业的大学生在实习实训局限性的基础上，本文创造性地提出以设立“金融投资公司”教学模式：学生真枪实弹、真正实战，以实际操作人的身份实际运作众筹、存款、理财、贷款、证券投资等一系列金融活动，教师结合这些实践对学生进行指导、答疑，理论与实践相结合、课堂内外相结合、想法与运作相结合，使学生得到全方位的金融锻炼和素质提升。

关键词：金融投资公司　实战　教学设计

一、项目方案设计的背景和项目基本思路

金融专业的人才培养，就如医学院的人才培养一样，是要实际应用的，学医学的不看病人不临床实践，学再多医学知识都不会看病；金融专业的学生不会动手，就不是一个适应社会需求的大学生。

这就要求教学工作能够与实践结合，而传统的教学基本上依据教材，而实际业务中是如何的，反而讲得比较少，教材也不可避免地与实际脱节，造成学生适应实际工作能力差、知识跟不上金融实际形势的发展。

* 耿广奇，郑州升达经贸管理学院，经济研究所所长、金融贸易学院副教授。主要研究方向：商业银行、金融市场、数字货币等。

（一）金融专业传统实习实训的局限性分析

实习方面：学生在金融机构实习，这些金融机构的岗位分工很细，每个岗位上的人员有限，其实习接纳能力有限；实习的同学们没有金融机构员工的身份，金融业务由于涉及现金和安全措施，一般实习人员很难走到柜台内去接触实际的业务，实习效果难免会大打折扣。

在实训方面：相应的金融环境是模拟的，即使联结到一些实际的金融市场获取最新的市场行情，也只是纯粹数字操作，纸上谈兵，很难有深刻的现场感和亲身的体会；而金融环境无论模拟得再怎么逼真，与实际的操作总有一些差距，因为金融机构的业务发展创新很快，新的模式、新的产品不断退出，实训的模拟一般很难跟得上金融机构实际业务的发展步伐。

（二）方案思路

针对以上局限性，笔者考虑可以换个角度，让金融专业的学生以金融机构客户或交易对手的身份去接触金融机构，通过实际的具体产品的操作，以客户和交易对手的视角去了解金融机构的业务，因学生本身就是交易的一方，可以直接深入业务，金融机构的客户经理也乐于与客户进行广泛全面的接触和交流，因为这本身就是他们工作的一部分，学生从而可以获取业务中第一手的资料，参与银行人员相应操作的每一笔业务，从客户的角度来了解金融的运作、了解金融业务，这样效果无疑是最好的，克服了以上所述的各种不利因素，银行的客户经理会将产品系统地介绍给学生，学生们可以逐一地操作每一种金融业务，完全是真实有效的交易，同学们也完全身临其境，他们需选择合适的点位，根据自己的判断作出交易的决定，承担决定的后果，这无疑会给他们留下极其深刻的印象，“应用型”的人才培养效果无疑是最佳的。

而实际的操作肯定需要一定的资金，笔者就想到以众筹的方式在同学们中筹集资金，学生根据自身的经济状况，出资一二百元、一二千元都可以，如果筹集的资金量不大，可考虑扩大参与班级，资金量在5万元左右即可，大家以众筹资金的方式组成一个模拟的公司，以股份公司的形式成立，按照公司的治理结构，将股份制的因素加入进去，就形成了“金融投资公司”（以下简称“公司”）；也产生董事会、管理层等治理结构，使一个或几个班级成为一家“金融投资公司”，各种金融操作都要记账，并进行相应的会计处理，进一步提升现场感，相信这样的经历可以使学生终生难忘。

二、项目的运作流程设计和所涉及的金融领域

（一）公司的发起——涉及的金融领域为众筹

首先，要由教师发出众筹的倡议，通过“项目说明书”的方式向学生大力宣传项目的重要意义，告诉学生项目的基本设计方案和预期达到的效果，使学生充分了解该项目在其学习金融中的重要意义。其次，鼓励学生在考虑家庭经济情况下出资加入该项目中来。如果资金量不够5万元，可以考虑由学校作为法人股东出一部分资金。

由态度积极的学生结合班委组成“金融投资公司筹备组”，进行合理分工，起草“公司的章程”，按照股份公司的形式明确公司的治理结构，明确公司名称、公司的董事会、监事会、管理层、财务、股份、关闭清算等一系列公司事宜。在全班公布，鼓励学生查找资料，研读《中华人民共和国公司法》，提出各自的修改意见，通过这个过程，使同学们对于股份公司的治理机制有进一步的了解。然后开展众筹，借助于金融平台进行众筹筹资。

（二）产生公司的管理机构——涉及的金融领域为金融公司的治理

按照公司的章程，根据股份的大小产生董事会，推举出董事长，选出监事长，推选出公司的管理层——公司的总经理和财务总监。然后选择一个有意义的日子，宣布成立公司，公布公司的管理人员名单。

（三）业务委托——涉及的金融领域为信托

金融类的公司牌照审批是很严格的，“公司”不可能到工商部门注册，只能是模拟的，资金是同学们出的真金白银，具体的对外金融运作还只能以个人名义进行，所以要建立委托关系，“公司”资金以董事长、总经理、财务总监或其他同学等个人名义进行运作，要由部分学生起草委托协议，明确权利义务关系，也便于去规范相关的法律关系，防止出现一些纠纷。技术处理上具体业务可由受托人操作，但操作密码应由另外的同学掌握，操作的决策由集体商量决定，如有一定风险的业务如融资融券要提交董事会决定。

这样就完成了前期的准备工作。然后将班级同学分为若干小组，根据实际课程进度，由不同的小组去实际运作资金，通过“模拟金融投资公司”具体项目的运作，改变传统的教学模式，在老师的引导下，使学生主动提问、主动学习、主动研究，主动操作和总结、主动得出结论，同时真枪实弹、真正实战，将郑州升达经贸管理学院“应用型”人才的培养方针进一步落到实处。

（四）开立账户，办理网上银行，存入资金——涉及的金融领域是账户管理

以委托合同确定的同学的名义开立存款账户，开通网上银行，将众筹的资金划转到该账户，该账户将作为“公司”的基本户。

（五）商业银行业务的运作——涉及的金融领域包括存款、理财、外汇交易、黄金买卖、纸上原油买卖、银行代销基金、银行代销的保险、纪念币等

可以首先开展商业银行的相关业务，与商业银行的对私客户经理进行接触，可以以小组甚至以班级为单位，到银行听取客户经理对于银行产品的深入介绍，获取商业银行的宣传页进行分析，其次开展商业银行的业务，包括存款，可存入定期、存入通知存款，了解商业银行的存款负债的具体形式；可以买入不同的理财产品，如结构性的理财产品、净值型的理财产品和保本理财产品，了解银行理财产品。尽量买入期限短一些的产品，以提高操作的频率，使更多的同学能够亲身参与。

可以分析汇率的变动，适时进行结售汇业务，可以买入纸黄金、纸原油，持有、分析、售出，了解银行的相关手续及操作；结合课程，具体运作的同学要将各种协议、手续拿到课堂上向大家说明，各小组轮流按照不同的产品进行组合投资和资金运作，指导老师可组织投资盈利的竞赛活动等方式以提高同学们参与项目的活跃度。

（六）申请贷款——涉及的金融领域为贷款和征信体系

在银行客户经理的协助下，分析银行有哪些个人贷款产品，作为大学生，能申请哪些贷款，找到适合的贷款产品，来申请个人贷款。如有的银行可能有旅游贷款、助学贷款，都可以试一试，获得的资金也是“公司”的一种负债。

如何运用贷来的资金来投资，使投资的收益高于贷款的利率以保持收益是同学们需要考虑的，从而进一步加深对于安全性、流动性、盈利性“三性”的理解；了解贷款的利息计息方式，关注每个收息期准备相应的资金归还利息，以免发生利息逾期，影响到受托同学的个人信誉；与银行客户经理探讨个人信用分析，获取该银行个人贷款的信用评估体系，受托同学在银行接受银行的信用评估，其他同学也可利用银行的相关标准相互进行个人信用的评估；查看受托同学个人的征信，这些同学可能因为公司业务的运作获得征信方面的良好记录，以及财务上的活跃表现，个人信用评级可能有所提升，无疑对于受托同学也是一种意外的奖励。通过贷款，也使同学们从大学时代就开始关注个人征信建设，重视自身的信誉记录。

（七）证券公司、期货公司开户和投资——涉及的金融领域是证券投资和期货投资

以开立账户的银行为资金托管行，找一家名单中有开户行的证券公司开立资金户，进行“炒股”、打新、投资基金，甚至开通融资融券，开展融资融券业务。对于大额的风险大的投资，按照公司章程应由董事会讨论决定；不同的小组提出不同的投资组合，进行短期的投资，比赛炒股的成绩，由于资金是同学们自己的，这种真实的炒股会比模拟的炒股更有感觉，也绝对有迥然不同的感受。

将实际操作的股票、期货的走势曲线带入到实验室，大家进行分析，可能比虚拟的效果要更好。

（八）互联网金融公司方面的运作——涉及的金融领域为互联网金融

由同学们寻找比较“靠谱”的互联网金融产品进行运作，如余额宝、P2P、大额分期等。

（九）“公司”股份的增股、转让——涉及的金融领域为股份制

随着公司的运作，公司股份的净值会发生一定的变化，一些同学可能希望能在更大程度上影响“公司”的决策，可能想追加投资，而也不排除有一些同学想退出部分投资，股份可以进行转让，但必须到公司财务部门进行登记。

（十）会计和报表——涉及的金融领域为金融会计

模拟金融投资公司的资产、负债和所有者权益在财务总监的管理下，由各小组轮流手工记账，对各项投资进行核算。公司的每一项投资，都要由操作的同学将相应的凭证交给财务人员，由财务人员根据原始凭证制作记账凭证进行手工记账；公司有一定的费用开支，也要履行报销手续，进行相应的记账核算。每一个月，财务上要出公司的资产负债表、损益表，每年 12 月 31 日要进行年结，出公司的资产负债表、损益表和现金流量表，并进行公布，接受同学们的监督。如果出现运作盈余，经董事会同意，可按照股份进行分红，使同学们获得收获的快乐。

（十一）公司解体清算——涉及的金融领域为投资公司的解体和清算

到大学四年级将要毕业前，要将投资收回，公司要进行解体清算，公司组成清算组，核定公司的净资产，按照每个同学股份的占比进行分配，由于投资的产品风险不大，而风险大一些的投资由董事会商议审慎决定，所以应该不会有大的损失，甚至还会有盈余。在同学们离开学校时，宣布陪伴大家大学生活的金融投资公司正式解体。

三、项目的运作周期和教师在其中的职责

（一）运作周期

该项目的运作周期基本上是四年，几乎贯穿金融专业本科四年的教育。在大一上学期，就进行这方面的动员，在大一下学期开始整个项目的启动，然后结合所学的金融专业的课程，利用筹集的资金开始进行相应的金融运作。这样使金融专业教学的几乎每个金融产品、每个金融概念涉及的计算、理论能真真切切落实在具体的操作中，使相关理论课的学习给同学们留下深刻的印象。通过与银行客户经理的接触，也可以获得银行最新产品的信息，使学习的知识保持与最新的金融发展动态保持同步。

在大四毕业前进行公司的关闭清算。整个项目贯穿金融专业的学生整个四

年大学生活，对他们而言绝对是一笔宝贵的人生经历和知识及实践的财富。对学校教育而言，在课堂教学之外，开辟了一个真枪实弹、身临其境进行实战的第二课堂，两个课堂相互配合，一文一武，一个理论一个实践，学以致用，知行合一。

（二）教师在该项目中的职责

在公司发起阶段，教师的作用主要是宣传项目、进行动员、鼓励学生们加入公司；在平时老师的主要职能表现在两个方面：一是教师针对学生要操作的业务指定参考的教材和资料，引导学生了解相关业务的基本知识，引导学生设计操作方案，提出具体操作中需要注意的方面，让学生带着兴趣和验证的好奇感去运作，学生操作之后如遇到问题可以询问金融机构的客户经理，并询问老师从更高的理论层面予以解答，如果没有条件让所有的学生都参加项目，参加项目的同学也可以站上讲台，将操作的情况讲给尚未参加项目的同学，同时在课堂上传阅相应的业务办理手续和学生收集到的相关资料，将学习的知识与实际操作紧密结合起来。总之，老师主要负责具体操作之前的引导和之后的问题解答及总结。二是老师在投资公司中的身份和职能相当于公司的监事长或者理事长，把控公司的正确方向，防止出现过于激进的投资导致投资出现大的亏损，可以进行公司的查账，防止公司资金被不正当使用。

四、“金融投资公司”综合型项目教学的意义

（一）学生们以客户身份全面深入了解金融机构、以投资人的身份进行金融投资理财，从而促进学生对专业知识的掌握和金融机构运作的了解

通过学生众筹资金组建“模拟金融投资公司”，结合课程，进行实际的投资运作，学生自己出资、自己动手、自己决策进行投资，使学生与真实的银行、互联网金融机构、证券公司等业务对接，以客户的身份接触全面深入了解金融行业的业务，金融机构有专业的客户经理对接，能积极主动地回答学生的各种问题，最大限度地提升对金融机构的了解。

同时也能使学生有深刻的切身体验感，带着问题学习、带着投资赚钱的愿

景学习，学生不但会自觉学习相关知识；而且在实践上直接落实到操作层面，有利于克服眼高手低现象；真实操作，组织讨论，学生会记忆深刻，对知识的掌握更牢固。

（二）“金融投资公司”项目教学有利于学生综合金融素质和财商的提升

使学生真实了解公司的治理，了解会计的基本原理、掌握财务知识。培养学生的创业意识、法制精神、团队精神、竞争意识、契约精神和企业家精神，培养学生终生理财的意识和习惯。

百闻不如一见、百见不如一试、拿别人的百试不如试一次自己的，投资公司就是同学们自己的公司，同学们是股东、老板，又都是经理和员工，公司形式上虽然是模拟的，但是用实实在在的真金白银在运作，在投资理财时与银行、证券公司等金融机构的业务合作是完全真实的，学生在业务运作前教师指定参考书，给予适当的专业知识引导，学生设计操作方案，在实际操作中发现问题，自己解决问题，解决不了的询问老师或咨询金融机构客户经理的意见，最终解决问题，真正达到知行合一、学以致用、以用促学的效果。学生不但在金融专业方面得到很大的提升，对个人综合素质的培养和对其以后的发展都大有裨益。

参考文献

［1］宋清华．商业银行经营管理［M］．北京：中国金融出版社，2017.

［2］胡晓玲．对民办高校会计实践教学改进的探讨［J］．时代经贸：下旬，2014（2）.

OBE 理念下《国际贸易实务》课程教学方法研究

张宇馨*

摘要：成果导向教育（OBE）教学理念以学生为中心，以学生的学习成果和能力培养为终极目标，逆向设定教学方案，并设立多元考核机制保证学习成果，它的许多理念与 AACSB 的建设相贯通。本文以《国际贸易实务》课程为例，研究了 OBE 理念下该课程的教学目标设定、教学方案设计、教学过程和多元化评价机制的实施和改革，以保证学生贸易操作能力的获取和提高。

关键词：OBE 理念　国际贸易实务　教学方法

1981 年，美国学者斯巴迪（Spady）在其著作《基于产出的教育模式：关键争议与答案》中对 OBE 进行了阐述和研究。成果导向教育（outcome-based-education，OBE）理念聚焦于学生在课程结束后真正获得的知识和能力，而不是课程本身，课程的设计、运行、教学和考核过程都要围绕这些知识和能力的获取组织实践，以保证最终教学效果符合预期设计。这个理念在教育实践中逐步得到重视与认可，成为美国等一些国家教育改革主流理念。随着我国高等教育改革的深化，国内高校也开始打造以学生为中心的教育体系和模式。

一、OBE 理念下的教学方案

OBE 理念的核心是以学生为中心，以学生获得的知识和能力为教育的根本目标，反向设计课程体系和评价方式，它的教学方案有以下特点：

* 张宇馨，北京联合大学商务学院，教授。主要研究方向：国际贸易、跨国公司。

（一）清晰的课程教学目标

教师在课程设计伊始就清楚地意识到，教育的最终目的是培养学生获取相关知识和能力，要对学生在课程结束后能够获得的知识和能力有一个明确的预期，这个预期目标明确具体，有可操作性，既注重学生核心能力培养，也注重学生创新思维与创新能力培养。目标的设定必须具有极强的前瞻性，培养出来的学生，既要满足目前社会的需求，还能为学生将来的职业和人生发展打下坚实基础。

（二）根据教学目标逆向设计的教学方案

OBE 理念下，教学内容和教学过程是实现教学目标的手段。教学方案中的课程设计、授课、指导和评价都围绕着教学目标设计，每一门课的课程设计和运营过程中，都要很好地回答这几个问题：学生获取的预期成果是什么？如何帮助学生取得预期学习成果？如何保证学习成果？如何检测学习成果？在寻找答案的过程中设计出针对性强的教学方案。

OBE 理念下的教学方案是逆向设计的教学方案，教师围绕课程教学目标反向设计课程体系，细化课程知识点，分析其对达成培养目标的贡献度。方案中，针对每个教学目标都有明确的方案设计，课程内容明确具体，并确保学生课程结束后可以获得所需目标和技能，并有相应检测措施，检查目标达成度。

（三）灵活的教学过程管理

教学方案的实施需要灵活、配套的教学过程管理，一方面是教师对教学内容、课堂控制、学习过程的管理要根据学生能力获取的程度进行实时调整，灵活应对学生在学习过程中的各类问题，保证学习质量；另一方面学校的相关教学管理措施也要做相应调整，为教学方案的实施提供制度、空间、时间和人员的保障。

（四）多元化考核评价机制

注重对学习结果的评价，制定学习结果分层评价方案和持续改进措施和机制，对学生知识、能力等方面进行客观科学评估，确保培养出满足社会需求的合格人才。可以通过加强校企合作，引入第三方评价等方式建立健全多层次评估机制。教师注重教学反思，持续改进评价考核机制。

OBE 理念中，学生成为教学核心，强调学习效果，教与学之间相互持续改进，教师要采取措施，鼓励学生提高学习绩效，最后达成预期学习目标，引导学生在学习过程中获得满足感和成就感，不断实现自我激励、主动学习。

二、OBE 理念下教学方案的设计和实施

如图 1 所示，OBE 视角下的所有的教学环节的制定和实施都以培养学生能力和学生发展为中心，要形成一个不断反馈、不断提升的过程。

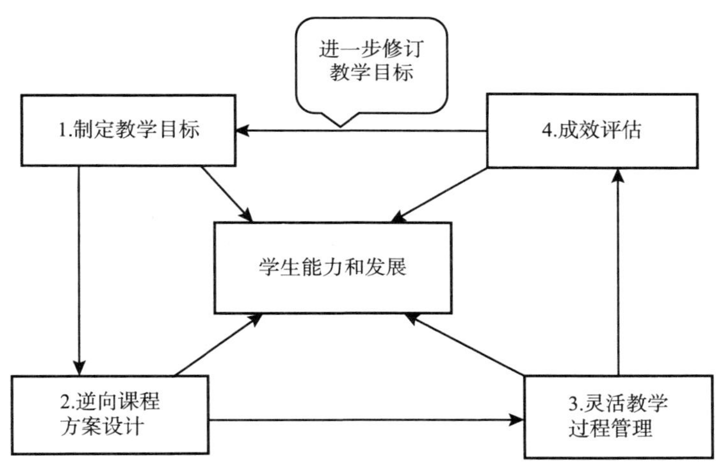

图 1　OBE 视角下教学方案制订

第一轮教学设计中，首先，教师根据课程在整个专业培养方案中的地位和作用，结合教学内容，制定合理有效的教学目标；其次，根据教学目标逆向制订教学方案，辅助以灵活的教学过程管理，帮助学生提升能力；最后，采取合理评价机制进行成效评估。

成效评估结果必须进行认真分析评价，总结成功经验，分析失败原因，并将经验和原因分析，追根溯源至教学目标、教学方案和教学过程的制订和实施上。然后根据最终分析评价结果重新修订教学目标，调整课程方案设计，调整教学管理过程。使得教学设施投入、课程开发、教学过程设计、教学成效考核都成为帮助学生获取相关能力和技能的有力手段，否则，这些因素和手段不得

不被推翻并重构。

三、OBE 理念下《国际贸易实务》的教学方案设计和实施

《国际贸易实务》作为国际经贸专业必修课，主要讲述对外贸易操作流程，涉及国际贸易操作流程各个环节，包括合同谈判签约过程，贸易术语、合同条款、国际运输、国际运输保险、国际结算、违约处理等内容。

（一）明确教学目标

对学生来讲，他们要从《国际贸易实务》课程的学习中获得以下能力：（1）掌握实盘交易磋商四个基本步骤并具备相应的写作沟通能力；（2）掌握货物合同主要条款内容并具备拟订条款的能力；（3）具备理解贸易术语并能准确应用于实践的能力；（4）具备掌握国际货物运输和保险流程并填写运输和保险单据的能力；（5）具备掌握国际支付主要方式并选择最佳支付方式的能力；（6）了解货物检验、违约索赔、仲裁等相关内容；（7）具备详细描述进出口业务基本操作流程、细节及注意事项的能力。

（二）逆向制订教学方案

逆向教学方案的制订过程中，将某个教学目标进一步细化，分成掌握知识、获取应用能力，应用能力解决问题，提高专业素质和商业伦理等层次。然后细化知识点，分析其对实现预期学习结果的贡献程度，教学方案的内容清楚、明晰，学习过程由浅及深，循序渐进，保证学生能力螺旋式提升。

表 1 展现了根据教学目标中的能力（5）即要求学生具备掌握国际支付主要方式并具备选择最佳支付方法的能力，进行的教学方案设计。

表 1 “具备掌握国际支付主要方式并选择最佳支付方式的能力”的教学方案

序号	教学目标	教学内容	教学方案
1	掌握基础知识	汇付、托收和信用证三种支付方式的基本概念及流程	1. 通过预习和自学，学生了解三种支付基本流程 2. 课堂讲授，小组讨论，学生掌握三种支付方式的概念和流程 3. 课堂习题小测试

续表

序号	教学目标	教学内容	教学方案
2	获取应用能力	三种支付方式特点及适用范围、优缺点	1. 学生小组讨论，找到三种支付方式的特点及适用范围 2. 学生表达观点，其他学生补充讨论 3. 教师总结
3	应用能力解决问题	案例分析，具备根据情形选择最佳支付方式的能力	1. 三个案例分析 2. 学生讨论，寻找案例最可行解决方案
4	专业素质和商业伦理	国际支付风险防范，反洗钱规范等	1. 学生就支付风险防范、国际反洗钱规范的基本内容进行讨论 2. 教师总结，提高学生专业素质和商业伦理

（三）灵活的教学过程管理

教学方案实施必须具备相配套的教学过程。以 OBE 为理念的教学过程，要求以学生为本位，在学习中充分发挥学生的主观能动性和创造力。无论是基础知识的获取，还是案例的分析，都要学生自己去想去做，让学习成为学生自主行为。教师只充当辅助者和引领者角色。

20 世纪 90 年代出生的学生，精神独立、头脑灵活，对世界有自己的理解和看法，有表达自己思想的意愿和能力；学习能力强，网络搜索能力强，知识面广，但思考深度不够，学习耐力不持久。因此，教师要了解学生特点，充分发挥他们的优势，充分利用网络优势，引入灵活的教学过程。通过网上课堂、网络互动、课前预习、课堂讨论、团队作业，课后总结交流、专家进课堂、真实案例解决、真实案例发展追踪等，利用现代化教学工具，如云班课、慕课、翻转课堂等现代教学方法。帮助学生夯实基础知识，培养学生自主学习能力、逻辑思维能力、分析能力、团队协作能力、灵活解决问题等能力。

课程基础知识的学习不再是学生看书，教师讲授，而是翻转课堂中的短视频讲解，网上慕课的精彩片段，网络课堂中必须提交的作业，课堂上要求的发言和成果展示，引发学生兴趣，引导学生主动学习。例如，《国际贸易实务》中三种国际支付方式的学习就可以通过学生个人课前观看网上慕课片段，小组分析对比总结，最终全班学生通过随堂小测试，检验其学习成果，确保其掌握基础知识。

灵活的教学过程并不只是意味着要充分使用现代化教学手段，让学生的学习过程丰富多彩，而是老师要根据学生的能力和对知识掌握及应用程度，灵活调整教学手段和教学过程，确保学习质量。例如，当教师发现，学生在案例分析过程中的表现说明学生并没有真正理解掌握基础知识，教师有必要重新引导学生学习基础知识，利用传统记忆等教学手段确保学生对基础知识的掌握。

（四）多元化考核机制

多元化的考核机制可以体现在整体课程考核机制的变革，也可以体现在每个教学目标实现过程中的考核变革。

平常教学中的考核，不能只根据提交作业次数、作业质量来考核，而是通过随堂测试、课堂表现、小组展示中团队协作等多种方式，考评每个学生教学目标的实现程度。考核可以以多种方式随时进行，随时评价教学效果，以便于教师及时改进教学方案和教学过程，保证教学质量。

整体课程考核并不应该局限于期末的闭卷试题，而应该更注重学习过程中知识和能力的获取，更为重要的是，《国际贸易实务》课程是一个有机结合的整体，只有在具备其他能力之后，对进出口业务的整体运营过程的掌控能力才可以得以实现，可以通过综合案例分析能力、综合业务操作能力、项目设计和实施能力，引入第三方评价来反馈学生的学习效果。

无论是平时考核还是整体课程考核，都要对最终结果进行分析评价，反馈至其他环节，保证教学目标、教学方案和教学过程得以进一步修订和改善，确保教学过程的可持续改进。

四、小结

OBE 理念下的教育理念的变革，体现在教学体系、培养方案、课程建设，甚至每一节课的教学设计的变革，是一场深远的变化。专业课程作为专业培养方案的具体实施，教学目标的设定、教学方案和教学过程的设计和运行，是一个复杂动态的过程，它的许多理念和 AACSB 的理念相贯通，它的实施也可以更好地提高课程质量，实现 AACSB 的预期目标。OBE 理念值得教育工作者深入研究和探讨，以促进教育改革创新和人才培养质量的提高。

参考文献

[1] 王进. 基于 OBE 理念的国际贸易实务课程改革研究 [J]. 科技之窗，2018 (10): 133-134.

[2] 金尕迪. 基于 OBE 理论的研究型大学本科生研讨课课程模式创新研究 [D]. 哈尔滨工业大学，2017 (5).

[3] 周杰，黄小卉. 试论 OBE 理念下工程教育专业人才培养方案的改革研究 [J]. 内蒙古师范大学学报 (教育科学版)，2018 (9): 13-18.

[4] 苏芃，曼丽. 基于 OBE 理念，构建通识教育课程教学与评估体系——以清华大学为例 [J]. 高等工程教育研究，2018 (2): 129-135.

[5] 许艳民. 基于"OBE"理念的《国际政治相关理论》课程教学改革 [J]. 高教学刊，2018 (6): 120-122.

[6] 孙爱晶，王春娟. 基于 OBE 的课程教学质量评价探索与实践 [J]. 中国现代教育装备，2017 (6): 49-52.

[7] 周洪波，周平. 基于 OBE 理念的高校教学模式改革研究 [J]. 中国成人教育，2018 (4): 92-94.

开发角色扮演型学习任务以提高教学质量

——以中央银行利率调整决策为例

朱鲁秀*

摘要： AoL 构成商学院学位项目的学习保证标准框架。在依据 AoL 框架设定了学习目标与评价方式之后，学习任务成为学习的中心环节。本文以“中央银行货币政策委员会是否调整利率”决策问题为原型，设计角色扮演教学活动案例，形成角色扮演型的学习任务。角色扮演型学习任务增加了一种新的课堂实践和探索，为达到学习目标提供支撑，为学习过程评价提供信息和依据。

关键词： AoL　角色扮演　学习任务　学习评价

一、学习任务是连接学习目标与评价方式的中心环节

国际高等商学院协会（AACSB）是国际上的商学院非政府认证机构。AACSB 制定了商学院的学习质量保障体系（assurance of learning，AoL）。AoL 为商学院本科教学项目提供了学习保证的标准框架，在这一框架中，会员单位需要制定学习目标、预期学习成果及评价方式，作为教学的指导纲领与教学规范。

遵循 AoL 标准框架，学院根据办学定位与特色提出学院的愿景与使命，在愿景与使命的指导下制定学习目标，并将学习目标分解成子目标。商学院根据学习目标设计课程体系，具体到每一门课程，都有明确的学习目标和预期学

* 朱鲁秀，上海理工大学管理学院，金融系教师，博士。主要研究方向：货币理论与货币政策。

习成果，给出相应的评估方式，形成课程地图。教师以课程地图作为授课依据，形成课程大纲。AoL 框架对商学院的教育质量从目标端或/和结果端进行规范。

学习目标构成 AoL 目标端。在 AoL 框架中重视解决商业问题的能力、团队合作精神、批判性思维和商业伦理等学习目标。这些目标中，能力与思维属于认知目标，合作精神、商业伦理与社会责任属于情感目标。

评价方式构成 AoL 的结果端。评价工具与方法是 AoL 的关键要素，不同的评价方式都需要通过对学生的学习表现与学生取得的成果来评价学习目标的实现程度。

学习任务是连接学习目标和评价方式的环节，是学习过程的中心（Martinea et al.，2012）。达成既定的学习目标需要依靠学习任务对学生进行训练；学生在完成任务过程中的表现和取得的成果为评估提供依据。学习任务需要教师团队前期开发（Lakhal and Sevigny，2015）。不同的学习目标需要设计不同的学习任务进行训练与评价。AoL 学习目标的认知属性和情感属性，对学习任务提出更高的要求。这些学习目标的实现可以围绕开放性问题展开，需要教师团队开发开放性学习任务提供支持（朱鲁秀，2015）。

决策是管理的重要内容之一。鉴于决策问题的重要性、综合性和复杂性，教师团队可以将课程所涉及的决策问题开发为一类角色扮演形式的学习任务，设计角色，开发角色任务与学习要求，将这些角色分配给学生，让学生在完成角色的过程中理解决策问题并达到学习目标。

本文依托《中央银行学》课程，以中国人民银行（我国的中央银行）的利率调整问题为例，开发角色扮演教学案例，形成一种新的课堂实践和探索，为达到学习目标提供支撑，为学习过程评价提供信息和依据。

二、中央银行货币政策决策角色扮演模拟教学案例开发

（一）决策问题：中国是否应该调整利率水平

问题说明：自 2014 年美联储启动货币政策正常化以来，美联储的货币政策进入加息周期，全球金融市场发生重大变化。同时，国内经济增长放缓，经济改革进入深水区，金融风险事件时有发生。在这种背景下，中国人民银行于

2017年1月24日、3月16日、12月14日开展公开市场操作，分别加息10BP、10BP与5BP。2018年3月22日再次加息5BP。

设定全班同学是中国人民银行货币政策委员会的委员及其工作人员，就中国人民银行是否应该调整利率进行咨询讨论并形成政策建议。

（二）角色设定及角色分配

1. 角色设定

（1）中国人民银行行长1人，行长同时是货币政策委员会主席。

（2）货币政策委员会14人（行长是指定的委员）。每位委员分别编号为1～14，有自己独立的智囊团，智囊团成员可以是经济学家、金融机构代表和工商界企业代表。

（3）服务于货币政策委员的智囊。根据货币政策专家咨询会的规定，每位委员配备3名专家。3名专家的角色设定为：1名经济学家、1名金融企业代表与1名工商界代表。

（4）货币政策委员会秘书处主任及员工。设秘书处主任1人，秘书4人。这一类型的角色不参与政策讨论，但属于货币政策委员会工作机制的重要组成，是角色扮演流程不可或缺的要素。秘书处主任角色由行长角色兼任，员工角色不指定固定的学生扮演，不对这类角色进行评价。

（5）决策者。根据《中华人民共和国中国人民银行法》第五条，“中国人民银行法年度货币供应量、利率、汇率和国务院规定的其他重要事项作出的决定，报国务院批准后执行。”国务院总理是货币政策决策流程中的一个关键环节，需要设计这一决策者角色，由学生临时兼任，不对这一角色进行评价。

2. 角色的职责

（1）行长角色的职责。行长角色的职责为领导货币政策委员会工作，兼任货币政策委员会主席，主持货币政策委员会会议，形成货币政策建议书，并负责将政策建议书呈报给国务院主管部门。

（2）货币政策委员角色的职责。每位委员在召开会议前就决策问题召集智囊团成员进行研究、讨论，形成投票意见。委员角色可以有独立的意见，不受智囊团意见的影响，也可以接受智囊团的意见。

每位委员享有一票投票权[①]，缺席委员可以授权其他人员出席，发表书面意见，授权人员不享受投票权。

（3）智囊团成员角色的职责。智囊团成员根据对经济形势的判断与分析，提出分析报告，对货币政策委员进行智力支持。由于智囊团的代表性广泛，不同的智囊成员角色的职责不同。

经济学家角色的职责：基于自己的研究领域和研究背景，为货币政策委员提供客观、合理的决策建议和决策支持。

金融企业代表角色的职责：作为货币政策委员的顾问，职责是智囊的作用，但由于本人是金融企业从业人员，有自身的行业利益与诉求，在履行专家的智囊职责时，会优先考虑所在行业和企业的利益，提出的决策建议可能有违客观、合理的原则。

工商界代表角色的职责：作为货币政策委员的顾问，职责是智囊的作用，但由于本人是工商界代表，有自身的利益与诉求，在履行智囊职责时，会优先考虑所在行业和企业的利益，提出的决策建议可能有违客观、合理的原则。

（4）货币政策委员会秘书处主任及员工的职责。秘书处主任角色负责组织召集与组织货币政策委员会会议，撰写货币政策委员会会议纪要，撰写货币政策建议书，工作人员角色负责会议的服务工作。

（5）决策者的角色。决策者角色审阅中国人民银行呈报的《货币政策建议书》，公布实施货币政策方案。

3. 角色分配

为便利角色扮演模拟教学顺利进行，教师在课堂教学开始前根据选课学生名单进行角色分配，在课堂教学开始 1 ~ 2 周内接受个别同学的角色对调，完成角色分配最终方案。以选课学生人数 56 人为例，进行角色分配，形成“角色分配表”。

在完成角色分配后，每一位货币政策委员角色和智囊角色组成一个工作组。

货币政策委员会秘书处人员角色与国务院总理角色另外组成一个工作组。

（三）角色扮演模拟教学的座位分区

如果教室配置活动桌椅，那么每一个工作组可以将桌椅调整到一起，便于

① 表决票由教师团队设计，是角色扮演模拟教学活动的支持文件。

工作组成员之间的讨论。如果教室的桌椅固定，就需要根据教室的课桌安排与学生人数进行座位区划分。以有 80 个座位的教室为例，划分为 14 个座位区，形成座位分区表。

（四）角色扮演模拟的时间进度图

在完成角色分配后，从第 3 次课堂教学开始至角色扮演课堂演示止，每次课堂留置 10 分钟时间为工作组讨论时间，共 6 周。第 9 周进行角色扮演课堂模拟演示。从第 10 周开始到课程结束，为角色报告撰写和提交时间。以 2019 年春季学期为例，给出角色扮演模拟的活动进度图。

（五）角色扮演课堂模拟演示的流程

根据活动进度图设定的时间进行角色扮演课堂演示教学。为了便于同学们了解角色扮演的流程，由教师与担任中国人民银行行长角色的同学一起制定“角色扮演流程表”。

（六）材料与数据支持

为完成角色扮演任务，同学们需要阅读相关文件，查找相关数据。以下材料和信息可供同学们参考，但参考资料并不仅限于下列。

（1）《中华人民共和国中国人民银行法》。

（2）《中国人民银行货币政策委员会条例》。

（3）《2018 年第四季度中国货币政策执行报告》。

（4）How Monetary Policy Works，http：//www. bankofegnland. co. uk/monetarypolicy/Pages/how. aspx。

（5）Monetary Policy and Economy，Purposes and Functions（the Tenth Edition）。

（6）学校图书馆的数据库资源，如 Wind、CCER 和 EPS 数据库。

（七）作业要求与评价标准

1. 角色扮演模拟教学的作业任务包

对本次角色扮演模拟教学活动的作业任务包由两部分组成。一个作业是要求同学们积极参与角色活动；另一个作业是撰写角色报告。

2. 角色扮演模拟教学成绩与学期总评

本次角色扮演模拟教学活动作为平时成绩计入学期总评，占总成绩的比例为30%。其中，课堂参与活动表现占总成绩比例为10%，角色报告占总成绩的比例为20%。

3. 评价标准

（1）课堂参与活动的评价标准。对课堂参与活动的评价侧重于可观察到的同学们参与角色活动的频率、小组讨论的准备工作与效率，并要求展示相应的讨论材料。表1列出了课堂参与活动的评分标准。

表1　参与课堂活动的评分标准

评分标准	描述	得分点	备注
参与小组讨论次数（30分）	小组成员能够参与小组讨论	每次能全员出席：30分； 出席次数为4~5次：20分； 出席次数在3次及以下：10分	为小组成员个人得分
准备小组讨论资料（30分）	能够准备电子版或纸质版的讨论资料； 能列出讨论资料的来源信息	有6份以上讨论资料：30分； 有4~5份讨论资料：20分； 以1~3份讨论资料：10分； 没有讨论资料：0分	小组成员得分为小组得分
对资料的整理与分析（30分）	能形成讨论意见	能形成4份以上讨论文档：30分； 能形成2~3份讨论文档：20分； 能形成1份讨论文档：10分； 没有形成讨论文档0：分	小组成员得分为小组得分
完成角色扮演课堂演示（10分）	出席课堂模拟活动并完成相应的活动	出席课堂模拟并完成相应活动：10分； 缺席课堂模拟活动：0分	因身体原因等提前请假并将角色委托其他同学，可以得10分

（2）角色报告的评价标准。角色报告的评价标准主要从报告的结构、内容、字数、格式及按时完成情况设置评价标准，对学生提交的角色报告进行评价。表2列出了角色报告的评分标准。

表 2 角色报告的评分标准

评分标准	描述	得分点	备注
结构 (30 分)	• 结构严谨 • 逻辑清楚 • 论证有力	各部分之间关系紧密：15 分； 各部分之间关系松散：0 分； 论据与论证支持观点：15 分； 论据与论证不能支持观点：0 分	
内容 (40 分)	• 理论模型使用合理 • 数据的来源可靠 • 数据分析方法合理 • 引用文献权威	4 点要求都满足：40 分； 满足 3 点要求：30 分； 满足 2 点要求：20 分； 满足 1 点要求：10 分； 都不满足：0 分	
字数 (15 分)	报告字数为 2500 ~ 4000 字	3500≤字数：15 分； 2500≤字数<3500：12 分； 800≤字数<2500：10 分； 字数<800：5 分	
格式 (10 分)	• 语言文字表达清楚 • 图表标注规范 • 参考文献引用规范 • 角色报告命名格式规范	4 点要求都满足：15 分； 满足 3 点要求：12 分； 满足 2 点要求：10 分； 满足 1 点要求：5 分； 都不满足：0 分	格式要求参照《上海理工大学本科毕业设计（论文）撰写规范及样本》
作业完成时间 (5 分)	能按时提交作业	能按时提交报告：5 分； 不按时提交报告：0 分	

三、角色扮演模拟教学对学习目标和评价方法的支持

以角色扮演形式开展的模拟教学活动支持课程学习目标。（1）构成对“能够识别和处理商业管理中的问题”学习目标的支持。角色扮演活动围绕“是否调整利率”问题设计活动，角色设计以货币政策委员会的委员职责为依据，活动环节围绕对问题的讨论展开，模拟教学的最终环节是形成解决问题的方案。角色扮演设计对于同学们认识问题、分析问题和提出解决方案进行训练。（2）构成对“具有有效的口头和书面沟通能力”学习目标的支持。角色扮演在课堂教学中留置既定的时间用于小组讨论和课堂演示。在小组讨论中，学生需要进行小组内的讨论与沟通，表述观点，展示依据，说服小组成员，提供有效的口头沟通训练。在角色扮演的课堂演示环节，担任委员角色的同学需

要登上讲台，代表小组论证本组意见及投票，为这部分同学提供口头沟通的机会与训练。在学习成果的要求上，每一位同学都需要提交角色报告，为学生进行学术型报告的写作提供训练机会，对于“书面沟通能力”学习目标提供支持。(3）构成对“具有批判性和创新性思维”学习目标的支持。学生们面对“是否调整利率”的宏观经济问题进行决策模拟，需要假设利率上调、下调或保持不变的情况下，分析宏观经济的表现和微观经济主体的得益与损失等，增强学生对“假设和观点”在思维过程中重要性的理解。(4）构成对“团队合作精神”学习目标的支持。角色扮演活动以小组形式开展，每位学生都能认识到个体在团队中的角色，参与小组活动，与小组成员有效互动，为培养学生的团队合作精神提供了平台。(5）构成对“理解个人与组织在商业管理中的道德准则及社会责任”学习目标的支持。利率是宏观经济中重要的经济变量，利率调整会导致金融市场的巨大变动，传导到企业和家庭等微观经济部门。学生需要识别不同经济主体的利益所在，并在自我价值观指导下投出表决票。促进学生对公共问题的决策“阿罗不可能定理”的理解，并能增加对商业道德和社会责任的理解。

以角色扮演形式开展的模拟教学活动为学习过程评价提供信息与依据。在角色扮演活动设计中，作业要求及评价标准设计是重要的内容。本案例设置了较为详细和具体的评价标准和得分条件，能够根据这些标准和条件收集学生在角色扮演活动中的表现信息，为评价学生的表现提供依据。在学习成果中，要求学生提交角色报告，为角色报告设置了评价标准和得分条件，学生提交的角色报告展示了学习成果，为评价学生的学习提供依据。

四、总结

在依据 AoL 框架设定学习目标与评价方式之后，学习任务成为学习的中心环节。学习任务为实现既定学习目标提供支撑，通过收集学生在学习过程中的表现和取得成果的信息，为学习评价提供信息和依据。本文以中国人民银行货币政策委员会是否调整利率这一宏观经济决策问题为中心，设计角色扮演模拟教学案例，并在课堂教学中进行角色扮演模拟教学，支持《中央银行学》课程地图中预设的学习目标和学习评价方式。角色扮演模拟教学案例开发与实施是一种新的课堂实践和探索，为提高教学质量和学习过程评价提供新的实践经验。

参考文献

[1] Martinea, M., Amante, B., Cadenato, A., Gallego, I. Assessment Tasks: Center of the Learning Process [J]. Procedia – Social and Behavioral Science, 2012 (46).

[2] Lakhal, S., Sevigny, S. The AACSB Assurance of Learning Process: An Assessment of Current Practices Within the Perspective of the Unified View of Validity [J]. The International Journal of Management Education, 2015 (13).

[3] 朱鲁秀. 注重学习过程评价激励本科学生提高创新与实践能力 [J]. 教学研究, 2015 (1).

基于提升语言应用能力的《沟通与写作》课程教学模式研究

迟秀湘[*]

摘要：沟通与写作能力是语言应用能力的核心，尤其是大学生应该具备的素质和能力。因此，在大学里开设《沟通与写作》课程具有十分重要的意义。本文通过分析目前大学生沟通与写作的能力现状，指出开设《沟通与写作》课程的必要性，进而提出该课程的课程定位和主要教学内容，并详细阐述了课程应采取的“意识培养，导学促练，案例讲评，课外辅导，开放考试”的一体化教学理念和教学模式，同时提出教学策略供同仁们借鉴和讨论。

关键词：沟通　写作　应用能力　教学模式

一、大学开设《沟通与写作》课程的必要性

1. “沟通与写作”的含义

本文所涉及的“沟通与写作”的理念是指在“应用写作”的基础上更加强调其“沟通”的根本属性，提示写作者更加注重沟通意图，强调写作中不仅考虑表达作者主观意图，而且要以“沟通意图”为核心，以实现沟通、获得作品受众积极反馈并达成共识为目的，重视受众的感受和接受心理。因此，在沟通中要以尊重对方文化背景的心态，寻找能够与对方达成共识的切入点。

随着我国高等教育改革的不断深入和经济全球化的发展，以沟通为目的的

---

* 迟秀湘，北京联合大学商务学院，基础教学部英语教师，副教授。主要研究方向：英美文学、英语教学。

应用文写作日渐受到重视。《沟通与写作》课程以沟通理论和沟通策略为指导，探索有效沟通的应用写作模式，强调应用写作是“为沟通而写作”，强调“应用写作”之“用”的内涵，最大限度地实现写作目的，符合现代信息社会对于有效沟通的需求。毕业生在今后的工作实践中，还将无数次面对使用应用文体写作的要求，因此，应用文写作能力的欠缺或不会沟通将成为求职就业的障碍。通过学习，能够提高学生的沟通与写作能力，培养学生的逻辑思维和批判性思维能力，有效提升写作表达能力和沟通交流能力，为今后的就业打下坚实的基础。

2. 大学生沟通与写作能力的现状

教育家叶圣陶说过：“大学毕业不一定会写小说诗歌，但是一定要写工作和生活中实用的文章，而且非写得既通顺又扎实不可。”强调了应用文写作的目的是交流，用有效的文字作品来交流自己的所思、所想、所感，即交流自己的情感、思想。根据调查，我国“大学毕业生存在比较严重的沟通障碍，25%左右的学生对人认识有偏差，容易封闭自己；50%左右的学生对沟通原理和技巧陌生，有情绪化倾向，不善于沟通。”① 另外，很多学生在写作中出现语病不断、缺少逻辑、不会总结的现象。他们认为自己“无法表达出自己想表达的意思”“论文缺少逻辑”“写论文就是他人论文观点的拼凑”“总是有很多病句”“不会总结”。因此，为大学生开设《沟通与写作》课程十分有必要。

3. 国外大学开设《沟通与写作》及类似课程的现状

事实上，很多世界著名大学都十分重视大学生的沟通与写作能力培养。哈佛前校长德雷克·博克指出：“所有的本科生都需要提高各种形式的表达能力，其中最广为人知的是精确而优美的书面表达能力，其次是清晰而有说服力的口头表达能力。”② 因此，哈佛近百年都始终将沟通表达能力培养列为本科教育的第一目标。一项针对900多所美国高校的调查显示，96%的四年制高校一年级开设了写作项目。普林斯顿大学已构建起一个全方位服务于学生写作的体系。除了每年开设超过100场写作研讨班、要求本科新生必须参加外，还建有写作中心，为所有在校生提供免费的一对一写作辅导，以培养学生的阅读和批判思考能力；针对在校生关于科学工程类的写作需求，另外专门开设两门课

---

① 周金声，王丽坤．加强大学生沟通能力培养刻不容缓——大学生沟通能力现状调查研究与分析［J］．湖北工业大学学报，2013（4）．

② 德雷克·博克．回归大学之道——对美国大学本科教育的反思与展望［M］．上海：华东师范大学出版社，2008．

程；此外，还通过为教师提供用于教授学生写作的策略、资料和案例，及运营一部年刊，节选学生作品等诸多方式，致力打造整个学校的学术写作文化，这调动了整个校园的写作积极性。

二、《沟通与写作》课程教学模式设计

1. 课程的主要教学内容

作为一门通识教育选修课，教学内容应该侧重于以沟通理念指导传统的应用写作，完成常用文体的写作训练，包括通知、报告、信函、会议纪要、计划、总结、简报、调查报告、商务合同、邀请函等。注重评价学生的学习效果和实践能力，真正实现从重视教师“教了多少”到学生“学了多少”的“以学为本”的教育理念。

2.《沟通与写作》课程的教学模式

课程采用“意识培养—导学促练—案例讲评—课外辅导—开放考试”的教与学互动模式与策略。

（1）注重应用写作意识培养。首先要帮助学生转变观念，开阔视野，提高他们的内省力。很多大学生对应用文写作认识不到位、学习动机低下，导致逆反心理和畏惧情绪。由于大学生们生活在校园中，没有充分意识到应用写作的实用价值，认为应用文没有什么好学的，而且非常枯燥无味，有时间看看例文，按照格式要求稍加练习即可；也有不少学生认为自己将来不会从事文秘工作，根本无须学习应用文写作，因而对应用文写作不屑一顾。正是这些错误的认识，致使大学生对应用文写作产生了各种各样的懈怠态度，从根本上制约了其应用文写作能力的提高。因此，教师要帮助学生提高学习意识，通过介绍沟通学、沟通心理学方面的知识和基本理论，以及通过对典型案例的讲解来提升学生对沟通表达能力的重要性的认识，采取实践验证方法，促使学生反思，从而使学生从内心深处重视沟通与写作能力的培养。

（2）遵循导学促练的基本理念。第一次课主要是进行学习指导，明确提出教学要求。通过介绍教学大纲、教学进度，阐明学习任务和考核要求，规定本学期须完成某些文体的练习作业和一篇学期论文。要求课外完成作业，课堂交流互批。促练作用要辐射到课外，建立课程微信群，以利于课外交流和批阅，形成课内外循环往复螺旋式递升的模式。

从第二次课开始，构建“知识讲解—模拟训练—同学互评—教师点评—学生改进”的教学模式。首先讲解写作规范和文体特点及其注意事项，其次针对学生特点，贴近生活，设计循序渐进的模拟职场的训练题目，激发学生对沟通的潜在需求。例如，让学生联系生活做春游计划，再尝试写“学习计划”，比较“方案”与“规划”，再提升到“策划书”写作。这个练习本身也为本课学习做了一个安排，为结课对照写总结奠定基础。要求每位学生完成一份调查报告或者编写学习小报，提示他们写身边熟悉的生活，如“学校食堂卫生情况调查”“课堂逃课原因分析”等题目，虽然学生们对这些生活状态非常熟悉，但是缺乏深入思考。通过调查和写作使学生真正体会到沟通表达对调查研究的重要性，写出的报告，既让教师了解了学生的情况，也培养了学生从第一手资料概述提炼要义的能力。又如，通过合同和求职信写作训练，启发同学从对方的角度思考利害关系，体会截然不同的认知，从而明白了沟通与写作的内在原理和心理机制。

除了课堂训练外，还要求学生课后通过阅读教材和查阅资料完成规定的文体练习，下一次新课利用 10 分钟首先要求学生互相批改，提出问题，讨论修改。其次教师抽查，进行案例讲评，教师讲解作业反映出的共性问题，指出普遍存在的失误，做出示范，指导学生反思改正并重新完成作业。

（3）采用开放考核的考核方案，具体操作如下：总评成绩由平时成绩和考试成绩构成，各占 50%。平时成绩根据每一位同学的作业和对作业进行反思，给自己打分并写出小结。要求学生呈交所有证明自己本学期学习情况的资料给学习委员（作业、调查报告等）。学习委员根据学生作业、学生自我小结和评分以及综合表现，为每一位学生评判出平时成绩。教师根据学生个人评价、学习委员的评价和平时作业记录及出勤情况给出最终的平时成绩。

期末考试为开放考试。试卷主要考查学生用沟通文书知识解决实际问题的能力。例如可以出这样的题目：“就大学生使用手机情况”写一篇调查报告，或者“就本学期教学改革所见所闻写一篇新闻”，或者“就校庆 40 周年给校友写一封邀请函”等。考试要求学生在规定时间内独立完成。完成这样的题目能够促使学生在平时训练的基础上再学习，利用已有的知识进行探索和研究，解决实际问题，获得新的学习体验。这种考试方式，不但节省了安排闭卷考试的资源，而且对平时学习好的学生是一个再提高，对于平时没有学好的同学也提供了反思改进和再学习的机会，使考试转变为能力测评，真正发挥出以考促学的作用。

三、《沟通与写作》课程的教学策略

1. 用“沟通与写作”的新理念指导应用写作的教学，重点要注意以下三点：

（1）指导写作时要以能否被接受、能否实现沟通、能否得到积极反馈为目标，改变以往应用写作只重写作规范、忽视沟通结果的问题。在写求职信、演讲稿、商务信函、请示、意见等互动性较明显的文书时，应该更注重沟通结果。但在广告、新闻等存在潜在沟通的文本写作中，也不应该忽视阅读对象对文本的反馈。因为其受文对象是大众群体，影响更深远。写作的文本能否达到沟通效果，更取决于作者是否了解阅读对象的需求和心理。当文本真正发生作用时，潜在沟通的影响力往往大于直接沟通的影响力。

（2）指导写作者充分考虑自身与阅读者的文化背景的差异，要充分尊重对方的文化，即身份、语境、需求等要素，在尽可能了解对方的基础上进行写作。这样才能最大限度地消除作者和读者双方的隔阂。忽视对方文化背景，写出的文本对方无法理解，甚或不知不觉冒犯了对方，只会阻碍双方交流，甚至会形成新的隔阂。

（3）强调要注意阅读者的接受心理，从阅读者的心理出发，用对方能接受和易接受的表达方式来表达自己的意图。这就要求作者积极进行换位思考，从对方的角度来考虑自身语言的合理合情程度，从贴近对方的利益角度来表达自己的观点。

2. 教学策略

以“沟通与写作”的新理念为指导，教学中应该采取以下策略。

（1）切合学生需要，激发学习热情。部分学生轻视应用写作的学习，很大程度上是因为觉得应用写作是为处理政务、商务、私务而存在的，自己还没有工作就不需要处理什么业务，所以不重视学习应用写作。而“沟通”无处不在，对个人的发展起着决定性的作用，甚至有人提出“沟通就是生产力”。提出“沟通与写作”理念，使学生重新认识到这门课程与沟通的关系，必然会引起学生的学习兴趣，从而激发其学习热情，提高学习效率。

（2）抓住本质规律，提高教学效果。教学中突出“沟通”的特性，使师生都用达成沟通的心态来对待应用写作。在写作过程中关注沟通渠道、双方的文化差异、接受者的接受心理、接受程度，等等，都是影响写作结果的决定因素。这样就给了教师广阔的发挥空间，使教师能从沟通和写作两个学科的角度进行课程讲授，便于将丰富多彩、贴近实际的内容引入应用写作课程，使写作课不再是泛谈规范的简单重复，而是联系生活实际的积极互动的课堂。不再把重点放在记忆规范模板上，而是针对不同的对象进行换位思考，选择最利于沟通的方式进行写作，真正达到文书实现沟通的效果。

（3）加强师资建设和课程教材教法改革研究。大学这方面的课程和师资极其匮乏。相关的教材也屈指可数，多处在实验阶段，这严重制约了教学质量。如果设定为必修课，建立专门的教研室，深入研究和改进教材教法，将会在培养大学生核心能力方面发挥出更好的作用。

（4）建立高校与企事业人才培养的联系。沟通能力是人才核心职业能力之一，要让它成为有源活水，有根之木，必须建立和加强高校与企事业单位人才培养的合作关系，将企事业单位的现场培训经验引进大学课堂，进一步完善大学实习制度和措施。企事业单位不仅可以对高校人才培养目标和内容提出要求，同时也可以为学习主体提供实习场所。社会实习是学习主体学习兴趣形成的催化剂，每当学生经过实习，普遍会产生强烈的学习动机。因此，这类课程更加需要直接与企事业单位牵手，让具备丰富沟通经验的人才走进学校，设置工作室，深入课堂，让学生在职场中进行深入的实践和体悟。

四、结语

“沟通与写作”是信息时代最重要的文化存在形式，更是大学生必须具备的能力。通过为大学生开设《沟通与写作》课程，更有利于人才培养体系的合理性。在教学中，教师应深入思考如何以学生为主体，加强学生的自我教育和探究性学习主动性，如何通过提炼出更多典型的分类案例和情景模拟演练项目，来帮助学生从课堂走向实践，真正提高学生的沟通写作能力，这些都是未来的努力方向，需要同仁们的进一步研究和探讨。

参考文献

[1] 周金声，王丽坤．加强大学生沟通能力培养刻不容缓——大学生沟

通能力现状调查研究与分析［J］. 湖北工业大学学报，2013（4）.

［2］德雷克·博克. 回归大学之道——对美国大学本科教育的反思与展望［M］. 上海：华东师范大学出版社，2008.

［3］邓晖，祁琳. 大学生写作短板亟须补齐［N］. 光明日报，2018-05-21（08）.

［4］周金声，张祥平，赵丽玲. 用“沟通写作”的新理念指导应用写作教学［J］. 中国大学教学，2014（8）.

实践与创新创业

以立德树人为引领　打造创新创业人才培养升级版

孙桂生*

摘要：立德树人是教育的根本任务。浇花浇根，育人育心。高校要把创新创业教育融入人才培养的全过程，深化推进教育教学改革，就必须以立德树人作为引领，实现全过程、全方位育人。近几年，北京联合大学商务学院秉承“五位一体、专创融合、实战育人”理念，系统推进学院创新创业教育改革，在探索应用型大学创新创业人才培养上取得了一定实效，积累了一些经验。

关键词：人才培养　创新创业教育　立德树人

一、引言

党的十九大报告指出“立德树人”是教育的根本任务。习近平总书记在2018年5月2日北京大学师生座谈会上的讲话中指出，“要把立德树人的成效作为检验学校一切工作的根本标准”。“人无德不立，育人的根本在于立德。这是人才培养的辩证法。”习近平总书记为我们指明了高等教育教学的改革发展方向。地方本科高校要落实“立德树人”根本任务，全面提高人才培养质量，培养应用型创新创业人才，就必须把立德树人作为引领，健全完善人才培养体系，实现全过程、全方位育人，地方高校紧密结合学校自身实际和区域经济社会发展态势，探索创新创业人才培养模式。

---

* 孙桂生，北京联合大学商务学院，副院长，副研究员。主要研究方向：高校创新创业教育、应用技术经济、行政管理。

二、"立德树人"是高等学校的根本任务

浇花浇根，育人育心。育人之本，在于立德铸魂。"立德树人"抓住了教育的本质要求，符合教育规律和人才培养规律，进一步丰富了人才培养的深刻内涵。当代大学生面临日趋开放的国际环境与多元文化背景，大学生正处在世界观、人生观、价值观形成的关键时期，高校培养人才以立德树人为引领是十分必要和紧迫的。

为更好地培养中国特色社会主义接班人，我国相继出台相关文件，修改相关法律，为实现"立德树人"提供保障。一方面，修改《中华人民共和国教育法》和《中华人民共和国高等教育法》，为"立德树人"提供法律保障。全国人民代表大会 2015 年 12 月通过修改后的《中华人民共和国教育法》和《中华人民共和国高等教育法》。《中华人民共和国教育法》第五条改为："教育必须为社会主义现代化建设服务、为人民服务，必须与生产劳动和社会实践相结合，培养德、智、体、美等方面全面发展的社会主义建设者和接班人"，把"美育"正式写入了教育法；第六条改为："教育应当坚持立德树人，对受教育者加强社会主义核心价值观教育，增强受教育者的社会责任感、创新精神和实践能力。"把"立德树人"和"社会主义核心价值观教育"首次写入了教育法。《中华人民共和国高等教育法》第五条增加了"社会责任感"，社会责任感是大学生素质的直接体现，大学生能否勇于担当社会责任，直接关系着国家的前途和命运。《中华人民共和国教育法》和《中华人民共和国高等教育法》的修订为实施"立德树人"提供了有效保障。另一方面，强调加强大学生社会主义核心价值观教育的重要性。中共中央办公厅 2013 年 12 月印发的《关于培育和践行社会主义核心价值观的意见》中指出，培养中国特色社会主义接班人，首先要进行社会主义核心价值观教育，要把社会主义核心价值观教育融入人才培养全过程。大学是培养社会主义事业建设者和接班人的重要阵地，要把培育和践行社会主义核心价值观作为新时期社会主义大学的重要使命。高校要实现"立德树人"根本任务，就必须把社会主义核心价值体系融入人才培养全过程，以社会主义核心价值体系为主导，始终坚持以马克思主义作为大学生健康成长的理论导向和行动指南，加强马克思主义中国化最新成果教育，引导大学生形成正确的世界观、人生观、价值观；始终坚持以中国特色社会

主义共同理想作为大学生的奋斗目标和历史使命，始终坚持以爱国主义为核心的民族精神和以改革创新为核心的时代精神作为大学生成长的精神支撑和精神支柱。

三、“立德树人”是创新创业教育改革的方向和灵魂

深化高等学校创新创业教育改革，是高等教育教学改革的一项重要内容，是教育战线落实国家战略的迫切需要，也是当前推进高等教育综合改革、促进高校毕业生更高质量创业就业的重要举措。国务院办公厅《关于深化高等学校创新创业教育改革的实施意见》提出并强调了“大众创业、万众创新”，要求把创新创业作为高等教育人才培养改革的突破口，要把创新创业教育融入人才培养的全过程。一段时间以来，高等教育往往对学生实践能力的培养不到位、学生动手能力差。大学四年学生如果被动听课，没有发挥主观能动性，课堂教学时数过多，真正自我的实践教育太少，大学生就不会具备良好的创新精神和创新意识。大学应该强化实践教学，培养学生自发创新、自我组织的实践能力。

2015 年国务院文件出台以来，各高校积极响应创新创业教育改革，制订了各具特色的实施方案。但在形势大好的同时，也出现了一些盲目跟风和冒进的苗头，尤其是出现了一些对创业教育的误读和误导。表现在：一是视野狭窄，将创业简单理解为创办“企业”；二是急功近利，盲目鼓励学生脱离专业学习过程，过早介入创业实践；三是本末倒置，过于强调创业知识和技能训练，简单地以是否创业成功作为人才培养的标准，忽视了健全人格的养成。没有把立德树人、以德为先，重视学生健全人格的养成作为核心要素来抓。其实，加强和改进人才培养，就是要为国家和社会培养更多更好的、能在各个领域建功立业的优秀人才。在此意义上，比起创业技能的训练，创业价值观教育更为重要，推进创新创业教育改革更需要高度重视固本强基，以德为先。真正“建功立业”的人可以说都是创业者。创业的“业”并不仅仅是“企业”，以创造性的精神和能力成就事业都可看作创业。创办企业固然是创业，创新管理模式、创办社会组织、创新研究领域、创建新学科乃至在就业岗位上从事创造性工作，都可说是在创业。如此理解创业，才更为科学全面。

青年大学生心中蕴藏着巨大的创业冲动和潜力，这是客观事实，高等教育的一个重要目标正是努力将学生的创业冲动和潜力转化为真实的能力。这样一

种转化的过程离不开课堂教学、专业教育和必要的创业训练和实践，更离不开立德树人的引领。针对传统上创业教育与实践脱节、教学方式方法单一、针对性实效性不强、实践平台短缺、指导帮扶不到位等不足，我们要大力加强创业实践环节，但不能过于急功近利。在为全体学生提供创业机会并为特定学生提供精准指导扶持的同时，还要着眼长远，完善健全人才培养体系，以立德树人为引领，将创新创业教育融入人才培养全过程，更加重视精神培育、品德塑造、能力提升、意识普及等。实践也表明，如果没有对于国家、民族和人民的热爱，没有对社会责任的自觉担当，没有宏大使命感的内在驱动，很难焕发出学生持续、强劲的创造动力，也很难实现高层次的创业成功。因此，开展创新创业教育要高度重视理想信念教育，重视世界观、人生观、价值观的引导，重视学生创新精神、合作精神、社会责任和家国情怀等的培养。创新创业教育不能简单地以利诱人、以术导人，价值观的素养才是教育之本，才是决定学生能走多远、飞多高，能在多大的天地中施展抱负、建功立业的关键因素。

四、落实立德树人，探索地方应用型大学创新创业人才培养模式

如何以“立德树人”为统领打造创新创业人才培养的升级版？如何全面贯彻落实立德树人根本任务，培养德智体美全面发展的社会主义建设者和接班人，是每一所地方本科高校必须要面对的一个重大现实问题。北京联合大学商务学院经过几年应用型创新创业人才培养的探索与实践，将创业教育纳入人才培养体系，与专业教育紧密结合，注重学生创新精神、创业意识和创新创业能力的培养，始终贯彻立德树人理念，以“践行社会责任、推动应用创新、培养商界骨干、服务区域发展”办学使命激励学生学习成长和创新创业。提出创新创业人才培养的“立德树人、专创融合、实战育人”的人才培养模式设计和“五位一体、全程联动、全员参与”的人才培养工作思路。

商务学院自 2014 年启动创新创业教育工作，2015 年随着国家战略层面双创文件出台，结合学院办学使命，推进中注重品德价值引领、能力培养和知识传授融合，积极促进学生全面发展，养成健康人格，提升综合素质；通过更新教育观念，创新课程设计，强化师资队伍，构建了知能并重、专创融合、课赛创互补的应用型创新创业人才教育工作格局，培养具有双创精神和能力的应用型商科创新创业人才。学院瞄准京津冀区域经济发展态势，结合北京市城市

“四个中心”的核心功能定位及学院所处CBD商圈地区经济社会发展的实际需要，秉承“使命驱动　持续改进”的理念，对“双创”教育人才培养体系与方法进行了持续探索。

（一）形成了专创融合教育教学理念，创新育人方式

创新创业教育融入学院人才培养体系，构建紧密结合专业特色的实践、实战教学实训项目和创新创业孵化基地，解放思想、转变观念，营造双创育人文化氛围，实现了学生创新创业培养由教师教授为主的“导师制”向学生主动探索为主、教师引导为辅的“导师+教练制”培养方式和培养内容的转变；解决了学生创新创业意识较弱和实践能力不强、专业教育与创新创业教育两张皮、项目落地难的问题。

（二）构建了有专创融合特色的课程群

将创新创业纳入学院人才培养计划，先后开设《商业伦理》《批判性思维》《创新思维与企业家精神》必修课3门，《创新思维方法训练》《大学生创业理论》《大学生创业实践》选修课3门。出版《应用型大学生创新创业教程（商科）》《大学生创新创业理论以实践指导》《从0到1创新型创业实践方法》教材3本；解决了创业教育课程体系散乱、理论实践脱节、教学方法单一的问题。

（三）建立一支创新意识强、教学方法活、积极参与创新创业实践的校内外师资队伍

几年来，学院专业教师近80人次接受过各类创新创业师资培训，实现、保障了创新创业教育与专业实践的产、教、学的深度融合；解决了学生过去专业教育重理论轻实践、重知识理论系统性轻知识能力应用性和项目实施的可行性问题。

（四）建成了1300平方米大学生孵化基地，构建了创新教育改革制度保障和资源保障机制

以课堂教学、实训实习、创赛融合、校园基地孵化、校外创业园对接“五位一体、全程联动”的应用型创新创业人才培养体系；将创业课程体系纳入学

院学生人才培养计划中，将学生学科专业大赛纳入课程教学体系中，将学生创新创业实践实战案例融入课堂教学内容中，确保了创新创业工作组织实施的科学性和有效性；解决了创新创业教育管理、运行体制不顺和难以持续的问题。

（五）开拓创新创业人才培养的境外渠道

几年来持续开展师生暑期赴美国、英国、我国香港和台湾等地创新创业游学项目，4 年来参加项目的师生已经达近 400 人次，拓宽了师生创新创业的国际视野，借鉴了国际创新创业教育先进经验和理念，解决了师生创新创业视野狭窄、经验不足和自信心不强的问题。

（六）搭建了“校地校企共建，资源共享，协同育人对接，政产学研用结合”的开放办学平台。学院几年来根植地方与企业、依靠地方与企业、融入地方与企业、立足地方与企业，对焦地方与企业需求，以需求为导向，突出应用、校地联合、产教融合、协同育人

总之，学院面向未来社会发展态势，以创新创业教育改革为创新型人才培养模式改革的突破口，以立德树人为引领，不仅培养学生的创业之“术”，更强化养成学生创业之“道”。从立德铸魂、能力培养和知识传授三个维度系统推进，融入学院教学体系、教材体系、管理体系、育人体系，从而促进应用创新型人才培养和教学改革。通过创新创业教育点燃大学生成就一番事业的雄心和使命担当，训练学生的创新思维和创业能力，重视学生健全人格的养成，促进了大学生综合素质和能力的提升。

参考文献

［1］洪大用．打造创新创业教育升级版［J］．中国高等教育，2016（2）：47－49.

［2］孙桂生，刘立国．创新创业型人才培养的探索与实践——以北京联合大学商务学院为例［J］．中国高校科技，2016（12）：79－81.

［3］孙桂生，刘立国．植根专业：创新创业教育的必由路径［J］．中国高校科技，2017（8）：89－91.

［4］盛朝迅．现代化经济体系视野的“创新创业升级版”路径找寻［J］．改革，2017（12）：119－128.

大数据背景下专业建设与社区服务融合研究

李素环 陈 默*

摘要： 本文将以北京联合大学商务学院AACSB认证使命为指引，并结合该院电子商务系大数据背景下信息管理与信息系统和市场营销专业建设优势，主要探究如何聚合与提升非首都功能疏解体系下的社区服务力。在研究过程中，本文将以社区服务站与社区养老驿站为实践试点，在充分服务区域发展的进程中，培养即将步入商界的专业学生骨干，推动应用技术与方式的创新，践行社会责任的担当，为北京联合大学商务学院各专业的建设提供可借鉴的实践路径，以实现院内专业与社会实践的有机融合，从而培养出具有综合素养的应用型国际化商务人才。

关键词： 大数据　专业建设　社区服务

在现代教育体系中，人才培养规格低于公众期望，毕业生的学术水平和实践能力仍存在着不协调等问题，同时还缺乏一定的创新能力。在当今大数据驱动的背景下，如何提高专业人才培养质量、扩大专业发展在社会中的影响力以及社会服务职能，这应是专业建设成功与否的重要途径。在该情势下，国际高等商学院协会（The Association to Advance College Schools of Business，AACSB）认证不仅为大数据背景下的专业建设提供了一个促进自身价值可持续性发展的动力指南，而且还对我国商科类院校的专业教学质量保障体系构建具有重要的理论意义与实践价值。

* 李素环，北京联合大学商务学院，教学管理人员。主要研究方向：计算机信息管理。陈默，北京联合大学商务学院，副教授，博士。主要研究方向：大数据分析与挖掘 & 区块链应用技术。

一、AACSB 认证概述

AACSB 成立于 1916 年，它是由哈佛大学、哥伦比亚大学、耶鲁大学等美国一流大学商学院所发起的教育认证机构。AACSB 致力于协助商学院明确自身发展使命，实现自我价值。同时，AACSB 也重视申请院校的发展过程，并强调商学院的社会影响力。它不仅可对所在国家的社会商业领域作出贡献，而且可对全球商学院的管理教育产生一定的影响。

AACSB 认证的核心理念是“使命驱动、持续改进”，即强调认证单位形成基于自身的使命目标，通过战略规划，不断提升自身的管理运行机制。商学院追求认证的过程，就是实现以使命为目标，构建有效的利益相关人全面参与、持续改进机制的过程，而这一机制的形成就是大数据背景下商学院专业建设体系不断完善、不断走向现代化的过程。

二、高校社会责任担当的现状

近年来，在社会经济发展的过程中，高等教育发挥着巨大的推动作用，与此同时，社会对高校职能也有了更高的要求，使得其要能够满足社会日益增长的物质需求和文化需求，要能够与社会经济发展相互融合，并提供专业人才保障和知识支持。高等教育是推动人类社会发展的持久动力，在引领社会核心价值、实现知识和生产力的转化、提高社会群众的生活水平和文化素质等方面，均起着无可替代的重要作用，并担当着社会责任，这已成为高校可持续发展的重要前提与基础。

北京联合大学商务学院始终坚持培养应用型人才、服务地方经济的办学方向，坚持人才强校战略，从满足首都国际化都市发展建设的需要出发，开展应用性学科建设和人才培养。学院电子商务系下设的信息管理与信息系统专业建设以来，一直注重教师队伍的构建与改善、师资结构的优化、教师学位层次和教科研水平的提高，除本院教师外，还邀请了校外专家协助出谋划策，并积极参与专业建设的指导。依托本专业比较雄厚的师资力量，努力培养着“一专多能”适合于首都区域建设的应用型商科人才。

学院的信息管理与信息系统专业面向北京信息产业和知识服务业发展、适应“互联网+”和大数据时代的人才需求，培养具有社会主义核心价值观、有高度的社会责任感，理论基础扎实、知识体系完备、创新创业意识强、具有一定的国际视野和可持续发展能力等综合素养，具有较强的商务大数据分析和信息系统运营能力、能够从事信息系统应用、信息管理与数据分析、商业决策分析的高素质应用型和复合型人才。

学院于2013年已成为AACSB协会会员，对外召开了使命信息发布会，学院建设使命凝练为“践行社会责任、推动应用创新、培养商界骨干、服务区域发展”，学院价值追求为“立德力行、至能致用”，并全面开启了AACSB认证工作。作为一所位于北京的市属高校，学院的发展价值主要体现在为北京地区培养商界人才，并对区域发展提供一定的服务与技术支持。因此，目前学院正以AACSB认证使命为指引，结合专业建设优势，以社区服务站与社区养老驿站为实践试点，探究如何聚合与提升非首都功能疏解体系下的社区服务力。

三、大数据背景下社区信息化服务

随着数据生产要素化，以及数据科学、数据科技的不断发展与数据价值的深度挖掘应用，一场大数据革命正在进行，它将带动国家战略实施、区域经济发展、智慧城市建设、企业转型升级，并促进社会管理以及个人工作、生活等各领域创新和变革。因此，如何真正应用大数据，发挥其作用，这是当前需要研究和探索的方向。在数据科学理论的指引下，大数据的应用可改变创新理念与模式，助推信息化社区服务。

2018年10月11日上午，北京市委书记蔡奇先后来到东城区、西城区，在调研生活性服务业时强调，要坚持以人民为中心的发展思路，不断提升生活性服务业品质；并坚持连锁化、规范化、品牌化、服务多样化方向，以打造“北京服务”品牌标志。与此同时，各行业也正在将大数据背景下的服务品牌推进社区，并在不断拓宽社区服务与治理范围的基础上，探索如何利用在线离线/线上到线下（O2O）推进社区服务站与互联网相融合，构建“服务+互联网”的全新社区服务与治理模式，打造社区服务品牌。

社区信息化服务是社区构建的重要内容，也是社会信息化的重要组成部分。推进社区信息化建设，旨在通过建设社区管理和服务综合性平台，实现社区管理网格化、信息传递扁平化和工作手段现代化。积极推进社区信息化服务综合性平台的建设，有利于共享政务信息、优化处理事务的运行机制，从而提升社区服务和管理能力，拓展社区服务内容，为社区的发展奠定良好的基础。通过开展社区信息化的建设，可打破跨部门业务和信息共享的制约，并可推动社区社会化管理能力的发展。运用现代信息智能技术，通过推进社区管理与服务综合性平台建设，可促进政府转变职能、改良作风，促进社区增强自治意识，促进社区实现社会服务业的产业化、现代化，可提高社区办事效率，增强部门间的协作，提高社区服务对象的满意度与生活质量，完善社区服务体系，促进服务业可持续发展，聚合与提升非首都功能疏解体系下的社区服务力，并可对和谐社会的构建起到重要且积极的作用。

在社区服务过程中，将产生海量的社区服务数据碎片，其特征为量大、种类多、实时性强、所蕴藏的价值大。针对这些海量数据，可运用信息技术，对其进行提取、统计、分析、挖掘、可视化，并构建面向社区服务业务的数据仓库，以成为能够助力社区服务决策的大数据源。

社区服务项目的开展可利用社区服务量（volume）大、地域季节销售时效性（velocity）高、社区服务质量可疑性（veracity）低、市场效益蕴含价值（value）高、社区服务过程多样性（variety）强等大数据内容、结构、使用特征，可动态化完善社区服务站商业网点布局，引导社区商业服务功能搭载，提高服务行业组织化、集约化程度。该过程既是城市社区经济持续发展的客观要求，也是深化改革、加快经济发展、提升百姓生活水平的重要举措，既是企业转型升级、业态创新，以传承与发展“雷蒙”“伊里兰”等北京老字号品牌的迫切需求，也是切实满足百姓身边的生活需求，担当社会责任的具体践行。针对大数据背景下社区信息化服务，其服务人口比重正在不断增大，服务人群特征多样性较强，因此，若要合理有效地开展社区服务，应对社区服务对象的特征以及需求大数据进行量化管理，并将琐碎的服务项目与信息化技术对接，以对海量、动态、持续的大数据，通过运用智能系统、工具、模型、方法与算法，挖掘出具有洞察力和潜在价值的知识。在处理其所产生的大数据过程中，应采用分布式计算架构，并依托云计算的分布式处理、分布式数据库、云存储和虚拟化技术，以缩短社区服务流程、节省社区服务时间、提供更为便捷的社区服务。

四、社区信息化服务平台构建

在大数据驱动下，社区信息化服务平台的构建可聚合与提升其品牌力，并以连锁化、规范化、品牌化、服务多样化为方向，提供更便捷的服务和更优质的产品，满足百姓日常需求，提升社区服务品牌发展的创新理论，持续践行社区服务品牌构建路径，探索社区服务品牌的时尚化、凝聚力与影响力。

基于政务的数字化与透明化，依托社区服务大数据，构建的社区信息化服务平台可使社区服务对象能够及时了解客观的市政数据，申请应用更为便捷的线上服务以及线下产品，并可将线上与线下应用过程中所产生的大数据分析结果进行及时反馈。

在平台构建过程中，基于社区服务对象的生活日常管理需求，针对社区服务站居民日常服务、社区养老驿站为老服务以及应急呼叫中心服务等，可实现呼叫平台、获取需求信息、对需求信息进行线上分类处理、进行需求对接、反馈社区服务结果、跟踪社区服务质量等重要节点，从而更有效地完成线上与线下相结合的服务过程。该平台采用了多维度监控手段，融合了信息安全技术，可对社区进行全方位管理，还依托了云服务的理念与优势，充分利用了智能技术，构造了全民化的社区服务平台。该平台可与智慧城市的发展相互融合，采用了服务即用的模式，可对社区人员信息进行实时采集、管理与分析，可完成物业服务项目管理、调度与协调，可对日常设备进行维修，可完成社区日常业务智能化管理、社区电子公告牌信息的更新、社区信息的发布等。

在平台构建过程中，充分发挥着北京联合大学商务学院电子商务系信息管理与信息系统和市场营销专业建设的优势，在注重教师队伍构建与完善、优化师资结构、提高教师学历层次与教科研水平的同时，还邀请了政府以及社区专家，给予了大数据背景下专业建设与社区服务融合研究的指导，并以组建项目团队的方式，信息管理与信息系统专业完成了线上业务流程的研发，市场营销专业完成了线下社区服务的运营，如图 1 和图 2 所示。

图1 社区信息化移动服务

图2 社区信息化网络服务

依托社区信息化服务平台，还可加快社区公共服务网格化与大数据资源的构建，可集中办理社区服务对象的公共事项，并在保证大数据共享安全的前提下，促进社区综合性信息与已有业务部门信息进行网络同步互联，以消除社区服务的烦琐性，最大限度增强平台的应用性，不断扩大社区服务事项的跨区域服务范围。在该平台的基础上，还可扩充社区服务项目，创新特殊人群的社区服务特色，完善社区服务流程，为社区服务对象提供更为综合性的服务。例如，运用科学有效的服务流程对社区人员实施精确识别、精确帮扶、精确管理，以确保为社区服务对象提供多样化、多渠道的“快、准、新”社区服务，还可在电商服务平台的发展下，整合供需品牌、企业、家政服务、物流、金融等信息与渠道，以构建社区信息多元化的服务机制，依据不同社区的发展层次与实际需求，逐步提高平台的硬件条件与社区信息化的服务水平，并可在降低成本的基础上，开发高层次的社区服务终端产品，以推动社区构建基于智网的大规模个性化定制、网络化协同制造、云制造等新型制造模式，从而形成基于社区服务消费需求动态感知的研发、制造、服务新方式，在该方式下，可更加智能地支持社区服务大数据采集、处理与共享，加快信息与服务资源的整合，形成全方位的社区服务公共大数据平台。

建好平台了。这与专业建设和人才培养有什么关系？需要进一步把它的作用阐述出来。

五、结论

以北京联合大学商务学院 AACSB 认证使命为指引，结合该院电子商务系大数据背景下信息管理与信息系统和市场营销专业建设优势，本文主要探究了如何聚合与提升非首都功能疏解体系下的社区服务力。在研究过程中，主要以加强专业建设为基础，以积极参与 AACSB 认证为抓手，以与社区服务站与社区养老驿站积极开展共建项目为切入点，在充分服务区域发展的进程中，培养了即将步入商界的专业学生骨干，推动了应用技术与方式的创新，践行了社会责任的担当，为北京联合大学商务学院各专业的建设提供了可借鉴的实践路径，实现了院内专业与社会实践的有机融合，培养出了具有综合素养的应用型国际化商务人才，这对提高商务学院的专业建设质量、践行学院的办学使命、提高商务专业人才的培养质量，均具有现实意义，并为继续开展大数据背景下的专业建设与社区服务奠定了坚实的基础。

参考文献

[1] 刘阳，马爱民．AACSB 认证新标准的基本框架与特点分析［J］．评价与管理，2015，13（1）：10－14.

[2] 肖梦璇，李笛．中美大学使命陈述研究浅析和简评［J］．商，2014（42）：291.

[3] 赵振新．AACSB 工商管理类专业认证体系的系统研究［D］．广州：华南理工大学，2011.

[4] 张洁．高等商学教育国际标准的变化趋势：AACSB 新标准对中国商学教育的启示［J］．上海管理科学，2013（3）：93－97.

[5] 赵运林．论地方高校的社会责任［J］．中国高等教育，2006（23）：15－17.

[6] 王旺．提升江苏高校服务地方效能对策研究［J］．才智，2012（6）：56－58.

基于“第二课堂”培养大学生社会责任感

——以北京联合大学商务学院为例

鹿　然*

摘要： 本文以北京联合大学商务学院为例，论述了通过完善“第二课堂”培养体系、对商科学生社会责任意识提升的作用。同时分析了游学案例的实践成果和第二课堂在其中取得的成绩和不足之处。

关键词： 第二课堂　大学生　责任意识

社会责任感是指每一个社会成员对他人、对社会的关怀，是当代大学生应该具备的素质。培育当代大学生社会责任感，是思想政治教育工作最重要的内容，它对大学生的个人发展及社会进一步发展都具有重要意义。“第二课堂”培养方案是促进大学生素质教育、加强和改进青年学生思想政治工作，引导学生健康成长和成才的重要举措。因此，我们认为利用好“第二课堂”，充分发挥其育人功能，对塑造大学生社会责任感有着重要深远的意义。

一、“第二课堂”的内涵及培养目标

（一）“第二课堂”培养方案的内涵

学者们普遍认为，第二课堂是相对于第一课堂而言的，是指在教学计划规

* 鹿然，北京联合大学商务学院，团委副书记。主要研究方向：学生思想政治教育。

定的课程以外，以育人和提高学生综合素质为目标，以培训学生的基本能力和专业素养为重点，以丰富的社会资源和空间拓展为形式来开展的开放性教育活动。伴随着社会、教育发展的新常态，思想政治教育和专业课程教育已经从单纯的理论教育，向能力教育、道德教育、价值教育转变，高校校园文化、历史沿革、教风学风、“95 后”和“00 后”大学生的群体性特点等多种因素相互交织，也为第二课堂的建设和创新提供了新的发展契机。相较于第一课堂的重要地位，第二课堂和实践教学依然是高校人才培养和课程体系建设中的薄弱环节，而以互动性和实践性为优势的第二课堂是高校人才培养总体规划中不可或缺的一部分。

伴随着几年前第二课堂实施钟声的响起，北京联合大学商务学院也在第一课堂之外开始逐步探索，并于 2018 年 9 月正式落地。该方案以商务学院办学特色为依托，以提升实践能力为目的，旨在通过做好国内外社会实践与志愿服务工作，以游学、社会实践、志愿服务活动为载体，重在培养学生的“通用能力、国际视野、英语水平”等。坚持学专融合，培育专业大赛商科人才，重在培养学术思维和创新精神。

（二）“第二课堂”的培养目标

1. 学以致用，提升学生的创新实践能力

第二课堂是相对于第一课堂而言的。第一课堂是传统的创新创业教育的形式，能让学生在短时间内建立起创新创业需要的理论知识库；而第二课堂的活动，则能让学生把理论知识与实际相结合，增强大学生的整体素养，特别是对创新能力的提高。根据各高校的实际情况不同，大学生的“三全”第二课堂活动形式也多种多样，包括下乡考察、义务劳动、社会宣传、社会调查、社会服务、专业调研、科技扶贫，等等。具有开展周期相对统一、参与人数广泛、主题风格符合学院办学定位的特点。进而使学生们将第一课堂建立起来的理论知识库更好地融入第二课堂的广泛实践当中，全方位提升学生的社会实践能力和创新创业能力。

2. 深化学院培养目标，切实提升学生社会责任感与使命感

北京联合大学商务学院以 AACSB 国际认证为抓手，切实提升国际商务人才的培养质量，打造国际化商学院，强化第二课堂建设，以培养通晓国际规则、具有良好思想品德、深厚的文化底蕴、开阔的国际视野和强烈使命感的国

际商务人才为目标，以培养学生创新精神与实践能力为抓手，切实提升学生学术科技水平，拓展学生社会实践领域，发挥志愿服务育人功能，助推提升学院的整体国际化水平，建设国际商学院，扩大学生游学的范围，拓宽学生的国际化视野与就业竞争力。

学院始终坚持以培养学生兴趣、发扬学生个性为导向。结合学院的培养目标，开展高水平、有特色的学术科技和创新创业类活动，诸如创新创业研讨与交流会、青春双创座谈会，邀请到专家为学院学子讲解创新创业的思维与步骤，由理论层面上升至实践层面，结合专家自身的创业经历和体验，强化学生的辩证思维和逻辑思维能力，进一步推动学生对于哲学与社会科学、自然科学等领域的涉足和认知，以推动“培养商界骨干，服务区域发展”的学院使命，全方位提升商务学院学生的社会责任感和使命感。

二、加强大学生社会责任感培养的必要性

（一）促进大学生的全面发展

社会责任感的塑造对推动大学生德、智、体、美等方面全面发展有着重大作用。大致来说，社会责任感的培育对大学生的全面发展的作用表现为：第一，有助于提高大学生各方面的素质和能力。大学生的能力、素质和社会责任感紧密相连，缺乏社会责任感的人，也不能称之为有品德、有素质的人。只有当大学生有了社会责任感，才能有良好的专业知识能力，才能有高尚的人格。第二，有助于大学生人生价值、自我价值的实现。大学生要想实现人生价值，就要主动承担社会责任，投身于社会主义现代化建设的事业中，才能对社会作出更大的贡献。第三，有助于大学生健全品格的塑造。培育大学生的社会责任感可以帮助学生树立主体意识，了解自身的社会责任，保持积极乐观的心态，实现人格的完善。

（二）助力高校思想政治教育的完成

加强大学生社会责任感的培育，有助于高校思想政治教育任务的完成。社会责任感的培育要通过人生观、世界观、价值观、道德观等内容来进一步实现和加强，主要体现为：要使大学生树立正确的人生观，教育者要引导大学生积

极主动地承担社会责任，正确处理个人与社会和国家之间的利益关系；要使大学生树立科学的世界观，肩负起社会责任感；要使培育大学生形成正确的政治观，激起学生努力建设祖国的雄心壮志；要使大学生树立正确的法治观，教育者就要帮助学生了解法律知识、勇敢承担法律责任。因此，高校思想政治教育只有以大学生社会责任感为中心内容来展开，才能使得大学生了解自己所应该承担的社会责任。

（三）强化大学生对社会主义核心价值观的认同

强化当代大学生对社会主义核心价值观的认同最根本的途径是将思想政治教育与大学生的现实发展需求相结合。当代大学生对传统的一味灌输理论知识的方法表示乏味，过于空洞的纯理论知识对于没有多少人生阅历和知识量的大学生来说，接受起来存在一定的难度。大学生更关心和他们自身发展相关的方面，我们可以以此为切入点，找到适合大学生成为社会主义核心价值观践行主体的培养路径。所以在对大学生进行社会主义核心价值观教育时，要让他们在实践中对此产生认同，这样可以更好调动大学生践行社会主义核心价值观的积极性。

三、北京联合大学商务学院基于“第二课堂”体系对学生社会责任感培养的探索与实践

（一）北京联合大学商务学院“第二课堂”培养体系的背景

近年来，在商务学院 AACSB 国际商学院认证工作的推动下，学院积极构建“服务学习”的理念，服务学习（service learning）是 20 世纪 80 年代兴起的将青年志愿服务与大学教育整合的模式。它虽然是大学的课程，但加入了志愿服务，形成了与传统的大学不一样的教育方式，它不仅主张课堂学习而且主张在服务中学习。服务学习与传统的大学课程设计在学习对象、学习理念、学习方式、选课方式、成绩评分等方面有很多区别。

将专业认知、社会实践提到首位，并且在不断践行学院使命、加速学院国际认证的建设过程中，对照 AACSB 认证的“关于促进学生学术参与和职业参与”的标准及相关要求，进行分析与总结，坚持持续改进的原则，不断缩小

与标准的差距，以《思想政治理论综合实践课》为依托，以“三全”（全天候、全覆盖、全方位）活动为载体组织开展各类学生实践活动，实现活动达100%全覆盖。

商务学院“第二课堂”培养体系注重以学生会、学生社团为引领策略，引导大学生转变以自我为中心的观念，发挥“小我”的作用，融入“大我”的群体之中，进一步提升学生把自身责任的“小我”投入社会责任的“大我”的奋斗历程之中。在学生们的广泛实践过程之中凸显第二课堂培养的优越性，第一课堂的理论体系架构与第二课堂的培养体系架构将更好地促进学院“努力成为深受业界好评的国际化的商学院”的愿景，为商务学院AACSB认证工作添砖加瓦。

高校第二课堂成绩单工作是一个系统的、复杂的活动过程，涉及高校不同层次、不同领域、不同部门的各种事务以及与产业界的协同。第二课堂具体活动细则立足于商务学院“践行社会责任，推动应用创新，培养商界骨干，服务区域发展”的使命，坚持理论与实践相结合的原则，以课程建设和社会实践活动为载体，构建完善的社会责任培养体系，提升商科学生的社会责任意识，使其形成自觉的商业伦理观念和良好的职业道德。

（二）基于“第二课堂”培养学生社会责任感

商务学院始终坚定“第二课堂”的诸多元素将会更好地推动大学生社会责任感，志愿服务、社会实践、创新创业活动的开展离不开第二课堂，也离不开学生们的热情参与，学生们的主动性与广泛的参与度是学院优良学风与生动的办学之风的体现，也是第二课堂丰富了第一课堂理论体系架构的体现。第二课堂成绩单与第一课堂成绩单互相促进、互动互补，在学生们离开校园、步入职场之后的社会责任当中有着生动的体现。

为帮助学生正确认识与评价自我，培养学院师生的就业能力意识和技巧，商务学院自2014年搭建了第二课堂就业指导平台，从2015年开始，组织、扩大游学活动规模和数量。2018年，商务学院团委以AACSB国际认证为抓手，切实提升国际商务人才的培养质量，打造国际化商学院，强化第二课堂建设，以培养通晓国际规则、具有良好思想品德、深厚的文化底蕴、开阔的国际视野和强烈使命感的国际商务人才为目标，以培养学生创新精神与实践能力为抓手，切实提升学生学术科技水平，拓展学生社会实践领域，发挥志愿服务育人功能，扩大学生游学的范围，拓宽学生的国际化视野与就业竞争力，助推提升学院的整体国际化水平，建设国际商学院。

（三）搭建“第二课堂”活动与社会责任感培养桥梁的具体做法

1. 开展学术讲座与志愿服务活动，引领优良学风

为提高商务学院学生社会责任感，2018 年商务学院组织了英语讲座、毕业规划、创业创新等不同类型的讲座，开展了共计 100 余个公益性的志愿服务活动。学生们在讲座中与专家积极互动，展现商科学生良好的精神风貌和优良的学风。活跃学术气氛，在学院当中营造良好的创新创业精神，拓宽学术视野，增强学术底蕴。学生们深入社区开展志愿服务活动，受到了工作人员的一致好评，其中蕴含的志愿服务精神则是首都大学生服务他人，贡献时间和精力，促进社会和平发展的有力诠释。

2. 依托学生社团，奏响责任华章

为了让商务学院学生感受到大学生活的多姿多彩，体验不同的活动项目，学院各个社团如英语协会、点蓝社、模拟 APEC 社团、学生科技协会等也开展许多丰富的校园活动。其中，点蓝社以“让更多人关心和了解心智残障人士的内心”为目的开展了一系列活动，并于 2018 年 12 月初拜访上海慧灵团体，师生 6 人陪同北京慧灵的学员们一同前往上海参加志愿服务与交流。2018 年 11 月 7 日晚，北京联合大学第四届“联大华音”校园合唱比赛在北四环校区顺利举行；商务学院学子以“爱伟大祖国”的饱满热情，携手唱响“共筑中国梦”的华章，在丰富文体活动的同时，用歌声表达出商务学院学子的爱国情和高度社会责任感。

四、成果案例

学院积极鼓励学生要在“做中学”与“体验式学习”，借此建立学生走进社会、行业及企业体验和学习的实践平台，重视学生在学习过程中的反思，并通过细致的教学过程策划和系统评估，以保证“服务学习”的教学质量。

以拓展跨文化视野为目标，精心组织以“长三角”“珠三角”“京津冀”以及“一带一路”等优质地区游学项目，打造商务学院游学项目品牌。在选题中融入区域发展调研、行业调研等内容，做好社会实践与专业实践有机融合。并努力做到将优秀社会实践成果向学术科技作品转化的有效性。2014 年，

学院组织游学团队1支、参与师生共39名；2015年，学院组织游学团队3支，参与师生共55名；2016年，学院组织游学团队8支，参与师生共116名。

（一）践行大学生社会责任——阳光使者行动（北京联合大学商务学院赴北京市延庆区实践团）

北京联合大学商务学院暑期游学“精准扶贫”促全面小康社会建设项目是在国家“精准扶贫”政策号召下，由院领导带队，深入北京市延庆区贫困村，开展的暑期社会实践活动，旨在为地方解决实际困难，同时提升商务学院学子服务基层的意识与能力。

商务学院鼓励学生深入基层、深入群众，通过实地考察、调查走访等方式，聚焦乡村振兴战略、农村慈善机制等议题。重点服务首都乡村建设，组织学生社会实践团队，深入北京市延庆区，开展“乡村振兴，青年作为”专题活动，通过“乡村调研+帮扶实践”相结合的模式，助力乡村发展，为地方解决实际困难，提升服务基层的意识与能力，以实际行动为建设“美丽北京”做贡献。

（二）“寻访校友足迹，感悟人生经历”——纪念办学40周年专题实践行动（校友访谈团队）

为了激发在校生的爱校之情、兴校之心，进一步加深对学院毕业生的了解，勾连起新、老商务学院学子的联系。院团委组织学生开展“寻访校友足迹，感悟人生经历”的实践活动，学院共组建20支团队，参与人数共计100人，通过访谈的形式，了解学院优秀毕业生的工作现状以及他们的职场生活，深入寻访在本领域或行业领域内具有一定影响力的优秀校友。

通过了解校友的奋斗成长历程与人生体验，增强学生对母校的认同感和归属感，激发加强人生规划，树立服务首都、建设祖国的远大志向，同时为北京联合大学办学40周年献礼。

（三）“不忘初心，不负青春”——习近平新时代中国特色社会主义思想和中共十九大精神宣讲行动（商务学院赴北京市顺义区、怀柔区、红色旅游景点实践团）

为了更好地让商务学院学生学习理解习近平新时代中国特色社会主义思想和中共十九大精神，商务学院利用暑期在偏远较贫困村庄或红色教育气息深厚地区深入开展十九大宣讲活动。针对本专题，学院组织 3 支团队，共计 25 人。学院团队以报告精神为指引，用实践宣传中共十九大精神，在新征程中勇担历史使命。中共十九大将习近平新时代中国特色社会主义思想写入党章，将其确立为党必须长期坚持的指导思想。学习贯彻中共十九大精神，最重要的是让商务学院学子听得懂、能领会、可落实。通过宣讲活动，不仅向村民普及了中共十九大，更让中共十九大精神深入每一个商务学院学子的心中。走进基层，弘扬中华民族优秀传统文化，开展文化宣传主题实践活动。立足北京，结合专业，从美丽北京、健康北京、文明北京等大学生独特视角，在乡村宣讲中共十九大报告的相关内容。本次实践活动，让学生更加深入认识中共十九大，通过对村民进行的中共十九大精神的解读与宣传，展现出了商务学院学子的专业素养与家国情怀。

（四）“践行学以致用，实干成就未来”——创新创业实践行动（商务学院赴晨光炫特社区、清轩花坊创业、非物质文化遗产博物馆考察实践团）

大学生创业已经是不可忽视的一个问题，但是当今大学生创业项目不够开拓、项目启动缓慢、融资渠道堵塞等实际问题确实没有得到有效解决。商务学院在暑假社会实践中，针对本专题，共组建 3 支团队，共计 28 名同学，通过引导学生结合自身专业，走进社会，结合创新创业专题，将社会实践与专业学习和职业发展紧密结合，培育学生的创新创业精神，培养具有创业创新意识的自主性人才。通过暑期社会实践提高商务学院学子自主创新意识和自主创新能力。通过对商务学院创业孵化基地以及青年创业典范的走访，深入了解大学生就业创业的现状，通过开展创新创业类实践活动，培养学院学子创业意识以及锻炼创业能力。结合学生专业，提升专业能力水平。帮助学生明确目标职业所需的职业能力和素质，制订提高个人素质和能力的计划，并培养学生的通用职业技能，包括沟通表达、人际交往、问题解决、团队合作和创新能力等。

五、北京联合大学商务学院基于“第二课堂”对提升学生社会责任感效果显著

（一）培育优秀社会实践团队骨干

学院“精准扶贫”促进全面小康社会建设调研实践团队，获得了 2016 年

全国大中专学生志愿者暑期“三下乡”社会实践活动的优秀团队奖；学生负责人房晓菲同学在2016年大中专学生“三下乡”社会实践“千校千项”遴选活动中获得了“实践组织带头人”的荣誉称号。此外，该项目还获得多个市级、校级优秀团队、先进个人、优秀成果，为学院学生社会实践团队起到了引领作用。

（二）教学融合第二课堂，为首都输送优秀人才

“第二课堂”教学被认为应服从于、服务于培养高质量的符合社会发展需要的合格人才。学院作为商科院校，基于为北京市地区输送优秀人才的目的，为提升学生的商务实践能力，在2018年共组建了两支游学团队，分别是“特色小镇‘全域化’生态管理调研实践团”和“点亮蓝色中国梦团队”。为了响应习近平总书记在浙江省的探索与实践中所强调的“绿水青山就是金山银山”的生态文明理念，学院组建了“特色小镇‘全域化’生态管理调研实践团队”，该团队分别对浙江省杭州市龙坞茶镇、云栖小镇、玉皇山南基金小镇等特色小镇进行实地考察，深入贯彻特色小镇推动新型城镇化的发展、促进乡村振兴的号召。

（三）融合学院使命，提升学子实践能力

北京联合大学商务学院立足学院使命，通过形式多样的实践活动培育学生的社会责任感。本次调研活动将“践行社会责任，推动应用创新，培养商界骨干，服务区域发展”的学院使命融入其中，在对浙江省特色小镇的调查过程中，不仅加深了对于生态产业发展的理解，还亲身体会到政府对于生态建设践行的决心。如今小镇生态化建设成为社会、经济、生态发展的重要一环。团队将调研成果转化为政策建议，服务于区域发展和生态文明建设。同时通过本次社会实践调研，提升商务学院学生实践能力、拓宽学院学子眼界，为今后学院学子更好地步入社会奠定基础。

“点亮蓝色中国梦团队”作为学院开展多年的暑期社会实践队伍以“践行社会责任，做好精准服务，实现共赢发展”为目标参与了中国慧灵年会、会务服务。此次社会实践的目的是为了通过实践，让团队与相关机构进行志愿服务及互动交流分享经验，了解公益机构的需求，使公益机构和该团队的服务平台能够更好地发展，并且让大学生学以致用，成就未来。通过实践调研形成社

会组织践行社会责任途径调研报告，成果显著。“践行社会责任，推动应用创新，培养商界骨干，服务区域发展。”深深烙印在每一位商务学院学子心中，社会实践使同学们对商务学院使命有了更深的理解与认识。

参考文献

[1] 张宏博．对高校创新创业教育第二课堂建设的探索［J/OL］．现代交际，2019（05）［2019-03-08］．http：//kns. cnki. net/kcms/detail/22. 1010. C. 20190218. 0911. 002. html.

[2] 朱国军，陈文娟．高校第二课堂成绩单工作的建设逻辑与核心机制［J］．淮海工学院学报（人文社会科学版），2019，17（2）：127-129.

[3] 林芙蓉，张学翎．学分制下应用型本科院校第二课堂建设与管理对策［J/OL］．黑龙江教育学院学报，2019（02）：16-18［2019-03-08］．http：//kns. cnki. net/kcms/detail/23. 1143. g4. 20190305. 1014. 012. html.

基于“课赛”融合的学生实践能力提升探究

——以“互联网＋大赛”为例

付丽丽　郭彦丽　张佳琪　陈倍冉　张　旭*

摘要：“课赛”融合是提升学生实践能力的有效方式，本文以“互联网＋大赛”为例，从赛前准备、初赛、复赛三个阶段进行赛事回顾，分析了每个阶段的“课赛”融合状况，指出大赛对学生实践能力提升的意义，并提出相应的建议。

关键词：“课赛”融合　学生实践　能力提升

一、引言

大学生社会实践活动是指学校根据其自身培养目标的需要，积极地引导大学生接触社会、了解社会、服务社会，并使大学生从中接受教育、培养综合素质的一系列活动总称。大学生实践活动的最终目的不仅是学习知识，而且是让学生更好地服务于社会，以学生为主体、学校为依托、社会为舞台对学生进行实践能力的培养。

二、“课赛”融合的背景

随着信息时代的到来，全球化范围内的竞争日益加剧，且主要集中在知识

---

* 付丽丽，北京联合大学商务学院，电子商务系教师，博士。主要研究方向：互联网经济、企业管理。郭彦丽，北京联合大学商务学院，教务处副处长，副教授。主要研究方向：IT 服务与供应链管理。张佳琪，北京联合大学商务学院，信息管理与信息系统专业 2017 级学生。陈倍冉，北京联合大学商务学院，信息管理与信息系统专业 2015 级学生。张旭，北京联合大学商务学院，信息管理与信息系统专业 2015 级学生。

技术和人力资本的竞争。相应地，对人才的需求也更青睐实践能力强的高素质人才。早在1999年，第三次全国教育工作会议就通过了《中共中央国务院关于深化教育改革全面推进素质教育的决定》，其中深化教育改革全面推进素质教育的重点内容是培养“创新精神”和“实践能力”。培养具有创新意识和实践能力的人才已经成为高等教育领域的普遍共识。近几年，随着我国高校毕业生数量的不断增加，大学生就业市场的竞争也是愈加激烈，用人单位在选择大学生时除了考虑到大学生应该掌握的知识外，把大学生实践能力水平的高低作为重要的衡量标准之一，期望大学生到工作岗位后能够快速胜任。因此，各个高校都加重了大学生参与社会实践活动的力度。

北京联合大学商务学院在指导学生参与社会实践活动方面积极探索，依托AACSB的标准，探索出了一条基于“课赛”融合的学生实践能力提升的道路。AACSB的全称是国际高等商学院协会（The Association to Advance Collegiate Schools of Business International，AACSB）。AACSB认证代表着商学院的最高成就，学院通过严格全面的评估，取得认证资格则意味着对其质量及发展前景的充分肯定。在AACSB认证中，有一部分专门对于学生的实践能力作出了要求——学术与实践参与。它包括三项标准：学生学术与实践参与，培养方案能促进学生的学术和实践参与，符合学位项目类型和培养目标的要求；高管培训，如果有必要，高管培训项目（不颁发学位的项目）执行学位项目的教学内容并同样能支持教师的知识贡献，学院有恰当的体系确保培训项目能满足客户所期望的高质量要求，并能持续改进；师资资格与参与，学院拥有且从战略上配备参与型和支持型的教师，使得他们所体现的共同的或者个人的重要学术和专业实践参与，成为实现学院使命和战略要求所需的知识资本。这些标准是商务学院培养学生实践能力的依据。

“课赛”融合的学生实践能力提升是指依托商务学院各系各专业特点，结合课程建立覆盖全体学生的专业竞赛体系，促进第一、第二课堂的有机融合，提升大学生的实践能力。

三、“课赛”融合对学生实践能力提升的意义

“课赛”融合是在学生学习大学课程的基础上，结合课程及专业特点，鼓励学生积极参与大赛，对学生实践能力的提升具有重要意义。它可以促进学生

学习的兴趣，激发学生的学习热情；它可以提高学生的各项能力，包括交流沟通能力、社会交往能力、写作能力、发现问题的能力、分析问题的能力、解决问题的能力、逻辑思维能力、团队合作能力、创造力等，有助于大学生提高自身综合素质；有助于激励大学生的创业愿望以及对创业机会的敏感洞察力，激发大学生的创业成就感和企业家精神，有助于大学生实现人生价值，缓解当前严重的就业形势；它可以提升学生在就业市场的竞争力，对学生未来职业发展起到积极的影响。

“课赛”融合对教师的教学工作也有所帮助。通过指导学生参加各项比赛，教师能够从中发现学生及教学中的许多问题，从而能够针对学生的特点因材施教，能够进一步思考如何更好地改进教学内容及采用何种教学方式能够达到更好的教学效果；教师指导学生参加大赛，多了一条和学生沟通的渠道，能够培养师生感情。

四、“课赛”融合提升学生实践能力的探索

本文以知名的“互联网+大赛”来说明商务学院如何通过“课赛”融合提升学生的实践能力，具体以学生参赛的各个阶段来具体说明。

1. “互联网+大赛”介绍

中国“互联网+”大学生创新创业大赛（以下简称“互联网+大赛”），以“‘互联网+’成就梦想，创新创业开辟未来”为主题，由教育部与有关部委主办。大赛旨在深化高等教育综合改革，激发大学生的创造力，培养造就“大众创业、万众创新”的生力军；推动赛事成果转化，促进“互联网+”新业态形成，服务经济提质增效升级；以创新引领创业、创业带动就业，推动高校毕业生更高质量创业就业。

大赛采用校级初赛、省级复赛、全国总决赛三级赛制。在校级初赛、省级复赛基础上，按照组委会配额择优遴选项目进入全国决赛。

学生参加的是2018年的“互联网+大赛”初创组的比赛，初创组是指参赛项目工商登记注册未满三年，且获机构或个人股权投资不超过一轮次的组别。

2. 赛前准备阶段

由于学生不太了解“互联网+大赛”，学院组织学生参加了几场赛前培

训，由专业的老师以及曾经担任过国赛的评委传授学生参赛规则、要求及经验，例如，在学生准备制订项目计划书时，学生想要利用问卷调查法来收集原始数据，老师就建议学生可以加上访谈法，以使支撑材料更加有说服力。专家在学生的课题选择方向上提供了具体指导，使项目题目更加明确。

之后，学生坐在一起讨论了此次的参赛题目及参加的组别，在指导教师的引导下以罗宾旅行 APP——一个“不‘被坑’的旅行”为题，选择了初创组，开始准备初步计划书。项目组讨论了计划书的结构，进行了分工，开展了调研工作，包括去调研旅行社的盈利方式、去调研之前市场上出现的旅行 APP。学生把调研的数据进行了汇总分析，分析了当前市场上旅行 APP 的不足，提炼出申报项目的亮点，最后通力合作，撰写出了初步的项目计划书。经过指导教师的多次修改及学生的多次讨论，形成项目计划书的初稿，并据此制作了参赛 PPT。在制作 PPT 时，学生想把之前收集到的照片直接粘上去，指导教师非常严厉地制止了学生，认为这是对自己非常不负责任的行为，要求学生把之前查找的数据以及资料汇总成直观可见的图片或是表格。在学生搜寻简单的背景插图时，指导教师也高标准地要求学生要找高清大图。在某页幻灯片，有太多文字时，指导教师提示学生“路演只有几分钟的时间没有人会去看这些，你们需要简练再简练”。

在本阶段，学生就运用到了《商务研究方法》《数据分析与预测》《基础会计》《财务管理》《大学计算机基础》《商务智能》《信息系统分析与设计》《统计学》《创新思维与企业家精神》《管理学》《市场营销学》《电子商务》《人际沟通与人际交往》等多门学科的知识，这些课程在学生制订计划书目录及撰写、调研、数据分析、制定财务预算、APP 系统的设计、人际沟通等方面发挥了重要的作用，学生在准备阶段把有关课程的知识全部串起来，感叹“书到用时方恨少，原来不重视的课程学习如此有用，能够解决很多问题”，并积极主动地重新捡起书本复习并咨询各科老师以更好地撰写计划书。经过此次过程，学生发现问题、分析问题、解决问题的能力得到了一定程度的提高，各科知识的融会贯通能力得到了加强，人际沟通及团队合作能力得到了提升，撰写 PPT 的能力有了质的飞跃。

3. 初赛阶段

学生提交了项目计划书的初稿，参加了初赛答辩。评委老师提出了很多修改意见和建议，项目组需要进一步完善项目计划书并提高演讲展示技巧。

学生针对项目计划书进行了更细致的分析。学生把这次项目成立的公司背景进行了深入的讨论，他们认为旅游要做到线上与线下连接起来，让旅游变得更便利，而这就需要深入了解客户的需求。项目组根据《商务研究方法》课程讲述的调查法的知识，通过问卷调查法与访谈法，针对一些客户进行了调查，同时项目组成员实地走访了几大知名旅行社进行了访谈，获得了第一手数据。根据这些数据，运用《数据分析与预测》课程学到的数据分析方法进行了定量的分析，做出了生动的图表。这些工作使他们对客户的需求有了精准的把握，调整了商业模式和盈利模式、明确了适合的营销宣传渠道，对要提供的产品或服务有了更详细的定位。据此，多次修改了项目计划书和 PPT，并多次进行了项目汇报演练。学生顺利拿到了参加复赛的资格。

在本阶段，学生同样用到了上个阶段提到的课程知识。与上个阶段不同的是，因为理解的加深，本阶段所用到的知识更加深入、更加细致，学生的逻辑思维能力、分析问题的能力、解决问题的能力、演讲展示的技巧得到了大幅度的提升。

4. 复赛阶段

复赛阶段的竞争更加激烈，对能力的要求更高。为了使项目更具竞争力、更能满足客户需求，学生撰写了软件开发报告并开发了 APP，这项工作的难度有些大，尽管学生学习了有关计算机、网站及数据库的课程，但真正动手自己开发还是第一次，他们请教了计算机课程的教师，在他们手把手地辅导下，顺利开发出了 APP。同时，学生还运用到了《管理学》《市场营销学》《电子商务》等课程的知识，对竞争者、电子商务模式等方面反复修改。

在本阶段，学生分析问题、解决问题的能力又进一步得到了加强。尤其可贵的是，开发 APP 是他们大胆的尝试，使学生动手能力得到了大幅度提升。

通过此次大赛，项目组的所有成员都觉得受到了一次洗礼和教育。之前，他们总认为书本上的知识没有什么用处，在工作中也用不到，对上大学的目标比较迷茫，经历了这几个月的洗礼，他们颠覆了之前的认识，再也不敢小看课堂的学习。同时，他们发现了自己在知识和能力上的不足，对自己未来的目标有了清晰的认识，学习的动力更加强烈。他们没有想到自己能通过大赛激发了潜能，综合素质得到了大幅度提升，也摸索出如何通过“课赛”融合及参加其他科技活动提升自己的实践能力。

五、结论及建议

“课赛”融合是一个提升学生实践能力的有利方式，学生需要置身于真实的或接近真实的社会活动背景之中，才能够把所学的知识进行转化，才能够有效地进行综合能力培养。而大赛就是一个恰当的载体，它构筑了一个接近于真实的场景，能够把学生学到的课本知识进行转化。

为了更好地进行“课赛”融合以提升学生实践能力，可以在以下几个方面进一步加强：

（1）加强学科竞赛和学生课外科技活动组织和资助力度，完善教师指导学生科技活动的激励办法以及鼓励学生参与科技活动的激励办法。

（2）继续依托各系专业特点，建立覆盖各系的专业竞赛体系。以高水平业内认可为标准，逐步遴选与专业培养方向相结合的重点学科竞赛，做到每个专业至少有1项重点学科竞赛。

（3）充分发挥学科竞赛指导委员会的作用，调动各专业举办覆盖面大，体现商科人才培养特色的综合性高水平赛事，通过以赛代练，“课—证—赛”融合等多方位的措施，促进学生实践能力的提升。

（4）通过组织校内竞赛或者承办市级以上各项赛事，并聘请专家辅导等手段，提前孵育参加高水平赛事，如“挑战杯”“三创”等竞赛的参赛作品。对前期赛事中遴选出的种子作品进行有针对性的拔高、辅导或重新提炼等；并鼓励跨专业的师资团队合力指导优秀作品，协作开展赛事辅导，整合有利资源。

（5）倡导教师结合大赛指导经验，进行课程的内容调整、教学方式与时俱进。

（6）积极支持大学生科协的建设发展，支持依托各系专业建设成立竞赛社团，广泛动员学生报名参与。

（7）开展国际竞赛调研。调研国际化大学人才实践能力的培养经验，了解针对学生能够参加的国际性学科竞赛和学术活动，遴选适合学生能力培养的重点学科竞赛和课外科技活动进行试点，培养学生的国际视野和国际竞争力。

参考文献

陈霂．基于“创青春”竞赛平台对大学生创业教育分析［J］．中国成人教育，2015，18.

"Best Buddies" 志愿服务模式本土化可行性研究

——以北京地区为例

辛俊卿　丘　莉　李　记*

摘要：我国各类残疾人总数为 8500 万人，其中心智障碍人数达 2520 万人，据统计，14 岁以下心智障碍儿童约为 539 万人，更多的是成年心智障碍患者。针对心智障碍患者国家相继出台了多项帮扶政策，大学生的志愿服务也深入其中，但这些模式还不能较大程度地解决成年心智障碍患者融入社会的问题。Best Buddies 是美国的一家民间公益组织，所提供的其中一种志愿模式就是"friendship"，即和心智障碍患者建立一对一的朋友关系。通过长时间调研和探索，我们认为这样的服务模式能够更好地帮助成年心智障碍患者，让他们更快地融入社会当中。

关键词：心智障碍　Best Buddies　志愿服务　本土化

一、Best Buddies 模式介绍

好伙伴（Best Buddies）是美国的一家民间公益组织，志愿者为各高校青少年，他们和学校、社区的心智障碍患者建立一对一的联系，成为他们的朋友，一起外出、看电影、逛公园，等等。

1. Best Buddies 组织介绍

"Best Buddies International"是一个充满活力的非营利组织，致力于改善

---

* 辛俊卿，北京联合大学商务学院，专职辅导员。主要研究方向：学生思想政治研究。丘莉，北京联合大学商务学院，学生处副处长，高级政工师。主要研究方向：思想政治教育、志愿服务。李记，北京联合大学商务学院，市场营销专业 2017 级学生，学生社团负责人。

心智障碍患者的生活。他们致力于建立全球志愿者运动，为心智障碍患者创造一对一的友谊。该组织有三大关键支柱项目，分别是“Best Buddies Friendship”“Best Buddies Jobs”和“Best Buddies Leadership”。“Best Buddies Friendship”是在有和没有心智障碍的人之间建立一对一的友谊，没有心智障碍的人为有心智障碍的人提供社会指导，努力提高心智障碍患者的生活质量，改善日常生活中对心智障碍患者有戒备心的正常人群对他们的包容水平。通过“Best Buddies International”的组织与参与，心智障碍患者与同龄人建立了有意义的联系，获得了自信和自尊，并分享许多其他人所享有的兴趣、经历和活动。“Best Buddies Jobs”是综合就业，该计划为心智障碍患者提供就业机会，使他们能够赚取收入、纳税，并持续独立地为自己提供支持。“Best Buddies International”专注于寻找符合求职者兴趣和才能的工作，目前，已经有企业雇用了心智障碍患者参与工作，因为它具有良好的商业意义。“Best Buddies Leadership”是指热情地相信其计划参与者可以领导他们的社区内外的工作，为心智障碍患者建立一个更具包容性的世界。

2. 服务范围

“Best Buddies”所服务的社区包括但不限于患有唐氏综合征、孤独症、脆性 X 染色体综合征、威廉斯综合征、脑瘫、创伤性脑损伤和其他未确诊残疾的人。

3. 活动形式

“Best Buddies”经过多年实践总结，形成系列课程，课程通过帮助他们与同龄人建立有意义的友谊，获得成功的喜悦，独立生活，提高公共演讲能力，学会自我宣传和沟通技巧，并感受到社会的重视，赋予心智障碍患者特殊能力。

二、我国对心智障碍患者提供服务机构和志愿服务现状分析

因受前期数据调查和资源限制，本文将以北京市为例进行分析，对心智障碍患者的研究以自闭症为例。根据《中国自闭症教育康复行业发展状况报告》，我国自闭症患者规模达 1000 万人，其中儿童自闭症患者超过 200 万人，这意味着我国成年自闭症患者的数量在 700 多万人次。

据不完全统计，目前在北京市针对自闭症患者有一定规模并能提供相对完

备服务的机构有三家。其中，慧灵心智障碍服务中心综合评价较高。北京慧灵心智障碍服务中心成立于2000年3月，为在全国范围内推广、实践服务智障人士迈出了坚实的第一步。并且，北京慧灵心智障碍服务中心率先在社区里安家，为建立"社区化服务模式"提供了最早的成功案例，服务形式主要针对成年心智障碍群体，提供托养式服务，机构中有专门人员照料孩子的衣食住行，并且不定期地开展活动。相对于美国"Best Buddies International"组织来说，笔者认为组织规模和提供的服务范围还有待扩展。

同时，随着志愿服务领域规范化、项目化、制度化的发展，大学生主动参与志愿服务已趋于常态化，针对自闭症儿童北京市属高校大学生也开展了多种多样的类似"点亮心灯，与爱同行""关爱星星的孩子"等活动，通过活动来陪伴自闭症患者更好地融入社会。但是相对于美国Best Buddies志愿服务模式，笔者认为目前就针对自闭症患者开展的志愿活动还不够有针对性，服务内容仅停留于表面，活动的持续性较差。

三、我国暂未开展"Best Buddies"志愿服务模式原因分析

1. 社会方面

西方国家是志愿服务活动的发源地，早在19世纪初期，西方国家的志愿服务就存在了，已形成一套完整的专业化体系。而我国志愿服务起步较晚，追溯起来应该起源于20世纪60年代的学雷锋活动，直到80年代才有了正式的志愿服务机构，与西方国家志愿服务精神深入人心，能得到社会各个阶层的支持相比，未形成一套完整的专业化保障体系。同时，随着学生法律意识和维权观念的逐步深入，志愿者们也需要一定的权益保障，依靠法律来维护自身的合法权益。

2. 学校方面

高校作为大学生志愿服务的组织方和实施方，相关指导教师对自闭症的了解也很有限，并不能针对自闭症患者的志愿服务活动给出足够专业的指导。美国的"Best Buddies"志愿服务模式还有相当比例的高中学生参与其中，中国的高中学生高考压力和高中教师对成绩的无限追求导致在高中开展这样的活动相当有难度。

3. 家庭方面

有相当比例的高中生家长只重视孩子的学习成绩，对孩子参与志愿服务活动持反对意见，学生的空余时间也被各种辅导班占据。大学生的家长大部分缺乏和孩子就关于开展志愿服务活动的交流，家长本身大多数也并未参加过志愿服务活动，对孩子这方面的指导是空白的。

4. 学生自身

通过调查研究发现，受学校志愿服务的强制要求，绝大部分高校学生、部分高中学生已经参与到志愿服务活动中来，但是他们对志愿服务处于一般了解的状况，只有极少数比较了解，很多学生参与志愿服务是为了锻炼自己，增加社会经验，为将来出国深造、就业学习增光添彩，这也严重导致了志愿服务发展的持续性不强。

四、我国开展“Best Buddies”志愿服务模式探索

通过1年多来的深入调查研究以及小范围的实验，我们认为“Best Buddies”机构的服务模式，可以在北京地区从以下两个方面开展进行。

（一）“你好，老铁”项目

“你好，老铁”项目，即为情况较好的成年自闭症患者找到适合他们一起交流的一对一的正常人士。主要通过学历、性别、性格、特长、所在地区等几方面因素进行考核配对，形成以下几个组别。

1. 大学组

目前，北京地区各大高校内建设有青年志愿者协会、公益社团等，有诸多愿意投身于公益事业的青年力量，通过配对，让成年自闭症患者与同龄人接触，通过参观各大高校、在北京市内游玩、定期出游不断地接触社会上的人和事。

2. 中学组

对于北京地区致力于培养全面发展的新青年，各中学在自己学校会组织相应的社会实践、志愿服务等活动，这也是让自闭症患者走进正常孩子世界的一个良好的契机，在班级内定期开展主题班会，让自闭症患者与正常孩子共同参与一些简单的活动，实行一对一帮扶模式。

3. 社会组

社会上存在着很多热心公益的人，他们可能是老师、可能是白领，但是在自闭症患者面前，他们只是陪伴他们的伙伴，首先对社会爱心人士进行身份核实，确保自闭症患者的安全；其次实现对接，让自闭症患者能够以不同的视角去看待这个世界，也为减轻家庭的负担而努力。

4. 线上组

互联网发展是当下大势所趋，掌握互联网的基本操作也是当今时代对我们每个人的基本要求，对于自闭症患者来时，虽然在身体上存在缺陷，但是很多程度较好的自闭症患者可以轻松地使用微信等社交软件。线上的交流也将会成为帮助自闭症患者减轻症状的另一有效的方式。

（二）"我可以"项目

"我可以"项目旨在通过对自闭症患者进行简单的技能培训，在确保可以达到工作要求之后，与相关企业对接，使自闭症患者能够通过自己的双手，参与到劳动之中。目前很多机构未能建立健全因材施教的机制，只是单一地照顾自闭症患者的衣食住行，很大程度上错失了培养自闭症患者独立完成工作的能力。

通过工作的方式，自闭症患者能够在获得一定收入的同时，也让家长放心，在以后的生活上自闭症患者可以在没有他们的陪伴下继续生活。

五、结语

目前，心智障碍群体已经得到了社会的大力关注，针对心智障碍群体的公益行动也越来越多，同时我们也能感受到与西方发达国家公益行动的差异，我们迫切希望在全社会的共同努力下，有更多的人愿意为他们伸出友爱之手，帮助他们更高地融入社会，让中国的心智障碍患者过上平等且更有尊严的生活。

参考文献

[1] 张丽茜. 大学生参与社会志愿服务的现状与对策 [J]. 重庆城市管理职业学院学报，2018 (3).

[2] 杨楠. 大学生志愿服务现状及对策研究 [J]. 才智—创新教育，2018 (22).

大学生在文化差异中如何提高跨文化交流能力和国际视野

——以马来西亚游学为例

夏舒航*

摘要：在全球化进程日益加快的背景下，当代大学的跨文化交际能力和国际视野能直接影响到大学生的自身发展，并最终影响国家的进一步发展。无论是学校里教授的相关理论知识，还是学生自己到国外参加文化交流活动，其本质都是提高大学生的跨文化交流能力和国际视野。本文通过一次学生参加学校组织的在马来西亚游学的经历，来说明大学生在感受与适应国外的文化差异中，是如何提高自身的跨文化交流能力和拓展国际视野。

关键词：大学生　文化差异　跨文化交流　国际视野

国际视野和跨文化交流能力提升，是新时代对国际化商学院人才培养的重要要求，通过让学生参与游学交流活动，并亲身体验不同文化背景，对相关能力的提升有较大的促进作用，2018 年 1 月，北京联合大学的师生团队前往马来西亚的博特拉大学开展了为期 10 天的学习交流活动。在这 10 天的交流活动中，学生们体验到了中马两种不同的文化，在文化差异中提高了自己的跨文化交流能力和国际视野。

* 夏舒航，北京联合大学商务学院，国际商务专业 2017 级学生，学生会副主席，国际商务系团总支宣传委员。

一、马来西亚游学项目介绍

（一）项目背景

中国与马来西亚自建交以来，两国关系逐步进入全面、稳定与务实的发展轨道。“一带一路”倡议的提出促进了两国关系迈进新的发展阶段，有利于提升两国在经贸、金融与教育等多领域的务实合作水平。中马两国在高等教育交流与合作领域已取得一定胜利。

在“一带一路”机遇的推动下，为了加强本校学生在跨国文化交流下国际视野的提升，北京联合大学和马来西亚博特拉大学签订了众多交流合作项目。

（二）项目概括

2018 年 1 月，北京联合大学的 50 余名同学和 4 名在校老师前往马来西亚的博特拉大学开展为期 10 天的学习交流活动。在这 10 天里，学生在马来西亚颇负盛名的博特拉大学里学习，感受全英语教学的氛围，与学校的学生老师交流自己的感想体会，在学术交流的同时也参观了马六甲海峡、吉隆坡市区和刁曼岛，体会到与中国完全不同的风土人情。

在 10 天的交流中，因为语言、思维的不同，同学们感受到了明显的文化差异，但由于中华民族特有的广纳百川的精神，同学们逐渐克服了文化差异所带来的影响，逐渐提升了自己的跨文化交流能力，拓展了自己的国际视野。

二、中马文化差异

（一）马来西亚民族文化特色

马来西亚，位于亚洲大陆和东南亚群岛的衔接处，是一个多元民族、多元信仰、多元文化的国家。因历史原因，马来西亚社会形成了马来人（67.45%）、华人（24.6%）、印度人（7.3%）及其他少数民族共存的民族结构。其中马来人信仰伊斯兰教，使用马来语尊崇苏丹，马来主权和马来人至上是其文化最突出的特征；华人文化以传统的中国文化为支撑，虽然在信仰方面并不统一，但在节庆习俗上保持高度一致；大量印度人因英国殖民统治而移民马来西亚，印度社会以宗教为主导，因此印度人的生活和宗教密切相关。虽然民族成分复杂、文化种类多元，这种复杂的民族关系充分体现在国家的政治、经济、文化等各个方面，但总的来说，多民族相对独立，共同生存、共谋发展，是马来西亚最突出的特点。除此之外，长期受英国殖民统治的马来西亚沿袭的是英联邦国家的教育体系。

（二）中马文化差异

中国也是多民族国家，但贯穿中国历史的一直是汉族的儒家文化，尤其是经历了古代的文化大一统后。几千年里，即使有外来文化的传入，都是中华文化取其精华，去其糟粕，将其化为本国文化，因此中国内部的文化差异不是很大。但马来西亚由于外来民族文化的影响一直是各家文化纷呈。在这一次的交流过程中我们能明显感觉到华人文化、伊斯兰文化对马来西亚本土文化的影响都非常的大，但各种文化和平共处共同发展。正在博特拉大学读研的一名中国女士担任团队导游，在参观博特拉大学校园之前，特别地提醒，因为马来西亚大部分人都信仰伊斯兰教，所以在大学中不可以穿露膝的裤子或裙子。在校园中我们就见到了很多面罩黑纱信仰伊斯兰教的女生。

三、提高大学生跨文化交流能力的意义

（一）关于跨文化交流能力

所谓跨文化交流，是指跨越国家民族的界限，与其他使用不同语言的国家民族之间交流，也指与其他具有较大差异的文化背景的人们之间的交流。跨文化交流，既包含文化，又包含交流。只有深厚的语言功底和深度理解不同文化差异，并有主动交流的意愿，才能最大限度地掌握跨文化交流的能力。

（二）提高大学生跨文化交流能力的重要性

随着中国积极融入世界的过程，中国文化开始与世界各国文化相互交流碰撞，大学生作为我国与外国文化开展跨文化交流活动的主要群体，不仅能够促

进中华文化与其他各国文化的深度交流，还可以推动中国与各国共同愿望的实现。

中国的跨国交流贸易逐渐增多，中国急需具有国际视野、能在跨国环境中交流的人才。大学生在跨文化交流中，在不同文化的交融与互动中，实现自身的价值。人生价值是个人价值与社会价值的统一，个人价值往往需要在社会实践中实现。大学生在掌握一定的文化知识以及跨文化交流技能的基础上，往往需要在参与跨文化交流的实践中实现自身的社会价值。

四、拓展学生国际视野的意义

国际视野是指人们能从世界的高度去了解世界历史和当今国际社会，评价本国的地位和作用，认识自己的权利和义务，并在国际交往中有恰当的行为与态度，它是一个人在全球化背景下所具有的知识、能力、素质的综合体现。全球化的进程迅猛发展，国际间的交流合作更加频繁，国家对人才的要求也就越来越高。国家需要适应21世纪知识经济及经济全球化所需要的、具有参与国际竞争能力、国际视野的高端人才。大学生拓宽自身的国际视野，能够使自己拥有大局意识，站在国际的角度去分析问题、解决问题，从而正确认识本国的国际地位和作用，同时也可以满足国家对具有国际视野的高端人才的需要。

五、大学生在跨文化交流与国际视野方面存在的问题

在本次马来西亚游学中，通过在和他国文化的交流中，我们发现了很多自身的问题。

（一）跨文化语言应用能力欠缺

语言是传递文化信息的重要载体，是大学生理解、融入异域文化的前提和基础。在这一次马来西亚游学当中，很多的同学由于英语基础不是很好，加上对自己不自信很少开口发言提问，也很少和马来西亚当地人交流。可以看出，目前，大学生在跨文化交流中的语言障碍不仅表现为受汉语思维模式的影响和汉文化心理定势的制约，以及外语教学环境的缺乏，大学生往往从汉语角度出

发，运用汉语表述习惯进行思维，在英语交际中，误用、误解或误导现象频繁出现。

（二）对本国文化和他国文化理解不够深入

跨文化交流的实质是大学生在充分理解、认同本国文化的基础上，尊重他国文化，并与之积极交流，以谋得共同发展。在本次交流中，存在参与学生自身文化底蕴不够深厚的问题，在交流有关中国文化以及更深层次的问题的时候不能细致深入地回答。同时由于马来西亚有相当一部分的伊斯兰教信仰者，同学们对伊斯兰文化不是很了解，在交流相关问题时不能很好地表达自己的想法。大学生进行跨文化交流，如若没有丰厚的本国文化底蕴作为基础，往往会在跨文化交流中随波逐流、失去自我，既不能为外国友人提供全面了解中国的信息，又不能在某种他国文化领域有所深入了解，可能导致跨文化交流的效果不佳。除此之外，很多大学生在与异域文化进行实地交流之前，往往没有做好充分的准备，更多地凭借自己的好奇与热情。但事实上，在准备不充分的情况下进行交流，可能会因为语言、宗教信仰、风俗等的不同，产生不必要的文化误会与冲突。

六、拓展国际视野，提高学生跨文化交流能力的建议

（一）求同存异，包容他国文化

包容，是大学生在有文化差异中适应他国文化的前提，更是跨文化交流的基础。在跨文化实践的过程中，我们应该尊重异域文化所拥有的价值取向、思维方式以及行为表现。作为跨文化交流活动的参与者，大学生应该承认接受在跨文化交流中出现的差异现象，深入挖掘这种差异产生的原因，而不是直接予以拒斥和否定。

（二）增强自身文化底蕴、拓展自身知识维度

在跨文化交流中，大学生作为传播中华文化的使者应努力展示中国文化的丰富内涵和深厚底蕴。这就要求我们大学生要充分理解和认识本国文化。在进行跨文化交流时，相关话题会不断地发展、变化，这就要求大学生相应地具有

跨文化交流的适应能力的同时，增强自身文化底蕴。

除了应该了解本国文化外，我们同时应该储备相应的国际知识。

国际知识是国际视野的基础。国际视野的知识储备包括对于中国之外的国际社会各种知识的总体把握与了解，有关主要国家的国情与对华关系态势，我国在当今国际社会的地位和主要领域参与国际事务的水平与程度，等等。所以提高国际视野，拓展知识维度，既需要大学生在校园里学习系统化的知识，也需要学生参与游学或交换项目，在文化差异中提高自身能力。

（三）提高自身能力维度

国际视野不应仅停留在知识层面，还应具体到一定行为。从这个意义上说，个人能力是国际视野的一个重要内涵。国际视野中的能力具体指的是与外国交往、合作、认识外来文化的行为能力，主要包括沟通能力、信息获取能力、取舍能力等。

良好的沟通能力有赖于正确认识和理解异域文化，这样才能使我们在国际交流中既能尊重对方立场，又能妥善表达、传播自己的观点，在理解他人的同时又能让他人理解。

国际化背景下，人们每天接触各种信息，信息的获取和处理能力是人们立足于社会的重要能力和先决条件。对信息进行有效处理的前提是能迅速获取信息资料，时刻保持主动姿态。敏锐的信息意识有利于防止边缘化，与世界同步。

取舍能力是对接触到的异域文化对其全部因素或部分因素进行保留或剔除。具有国际视野的人要以拿来主义的心态对待异域文化，进行与本民族文化的恰当比照，对异域文化的精华与糟粕进行取舍。

在参加交流的过程中，能很好地培养我们与人沟通的能力，在文化差异中我们能很好地识别优劣，做到取其精华，去其糟粕。

（四）学校增设提升跨文化交流能力的课程

针对大学生跨文化语言应用能力弱、对本国文化与他国文化理解不全面以及跨文化交流技能欠缺等实际问题，学校应该适当改变原有课程设置，增设相应的课程以提高学生的跨文化交流能力。例如，语言选修课程、文化选修课程、跨文化交流技能课程，等等。

参考文献

[1] 马倩美.“一带一路”背景下中马高等教育交流与合作 [J]. 大学教育科学，2017 (4).

[2] 蒋炳庆. 多元文化背景下的民族和谐实现——基于马来西亚族群关系观察 [J]. 贵州民族研究，2015，36 (8).

[3] 陈宏.“一带一路”：维系和发展中华文明的新纽带——马来西亚文化研究综述 [J]. 齐鲁艺苑，2017 (2).

[4] 姚福生，王磊，张志伟，谢峰. 新时期大学生国际视野教育初探 [J]. 学术论坛，2008 (1).

[5] 王鹏. 跨国文化交流与英语口语教学 [J]. 大众文艺 (理论)，2008 (8).

[6] 王嘉，隋林宁.“一带一路”背景下大学生跨文化交流能力的培养 [J]. 文化发展论丛，2018 (1).

英国高校创新创业教育发展经验及启示

——以西苏格兰大学为例

宋祎迪　白　云*

摘要： 英国高校开展创新创业教育处于世界前列，是实施较成功和有特色的代表。在我国当前正处于全面深化高校创新创业改革的大背景下，本文通过前往英国西苏格兰大学进行创新创业课的学习和考察研究，增加实践经验，了解国际商务文化，实现国际化视角下对于创新创业的再认识，促进学生自身发展。

关键词： 英国高校　创新创业教育　启示

一、引言

当前，国家全面实施的创新驱动发展战略以及人力资源供给侧结构性改革，对深化高等学校创新创业教育产生了更为迫切地需要。从学生的个人发展角度来说，提升创业能力也是提高创业就业质量的基本保证。本文通过研究英国高校创新创业教育的发展，希望可以对我国高校的创新创业发展提供新的思路。

二、英国高校创新创业教育分析

1. 发展情况

英国高等教育的发展处于世界领先水平，且创业教育起步较早。在 1963

* 宋祎迪，北京联合大学商务学院，国际商务系 2016 级学生。白云，北京联合大学商务学院，国际商务系 2016 级学生。

年，英国政府委任高等教育委员会对英国高等教育前景所做的规划《罗宾斯报告》，为英国高校的创业教育做了先期的理论铺垫；1987 年，英国政府启动实施“高等教育创业计划”；1997 年，《迪尔英报告》进一步夯实了创业教育的理论基础，对职业教育和创业教育做了具体区分，建议通过创新方法和专项研究来进一步推动创业教育等；1998 年，英国政府发表白皮书《我们竞争的未来——建设知识经济》，结合英国产业发展的规划和需求，倡导更多高校开展创业教育；进入 21 世纪以来，英国的创业教育继续提速并日趋成熟，先后有 13 个科学创业中心在英国高校成立并正式成为全国性组织，且高等教育创业基金启动、全国大学生创业委员会成立。

2. 英国高校创新创业教育情况分析——以西苏格兰大学为例

本次我们学习考察的高校为西苏格兰大学，是一所历史悠久的英国高校，其历史可以回溯到 1897 年，直至 1992 年，西苏格兰大学被英国政府确立为综合性大学。而西苏格兰大学凭借其深厚的教育师资在英国大学界享有极高声誉。在创新创业方面，西苏格兰大学开设暑期创新创业课程即青年企业家训练营，与其他国家高校合作，开展深度国际交流。此次与我们一起参加训练营的国际学生来自许多不同的国家，有俄罗斯、德国、荷兰等。学习方式是分组学习，最后以演讲的方式汇报本组的创新创业成果并完成最后的考核。

此次训练营学校为我们安排的课程为基础的英文课及附带的英文考试、市场营销类课程、创业思维类课程和一些视频制作类的宣传课程以及一些较轻松的户外实践课。另外值得一提的是，本次课程我们小组中还有两名来自俄罗斯的同学，通过将近两个月的学习相处，我们之间建立了深厚的情谊，是国际交流成果的成功体现，在大家的共同努力下，我们的小组还赢得了本次创新创业课程考核的第三名。这是学校对于我们创业想法的支持，同时也是对组员努力学习和全力配合的肯定。

3. 经验分享及从教育模式分析

通过对西苏格兰大学创新创业课程的感受，我们可以从中映射出大部分英国高校对于开设创新创业课的一些方法以及对于我们的启示。第一，在政府支持方面，英国的创业教育体系，是在政府的主导下，由高校、科创中心、全国大学生创业委员会和其他各种社会资源相互融合而成。其中，政府主要负责政策引导，设立国家层面的创业管理机构——科创中心和大学生创业委员会，负责创业教育具体管理。科创中心与区域内大学共同合作，培养提升大学生的商务能力，同时承担联动社会资源、企业孵化器、创业服务咨询和援助等功能。这就使得高校在进行创新创业训练，特别是跨国的学生教育方面有非常良好的硬件基础和产业孵化设施，给予学生充分的发展机会和无尽的可能性。

第二，是成功的师资选拔和培训。英国要求创业教育师资兼备创业能力和创业精神。在创业师资选拔方面，英国高校既重视教师的教学和研究水平，又强调教师必须有一定的创业实践经验，在任用的创业教师中，98%有企业兼职或创业方面的管理经验，70%以上曾经开办过企业。高校还会聘请成功的创业者和知名的企业家进入课堂，直接面对学生教学。在创业师资培训方面，政府通过基金会设立专门培训项目，提高教师的创业教育水平，高校定期输送教师前往企业实践，并邀请企业的高层管理者给教师传授最新的经济动态和创业方向。在西苏格兰大学学习的过程中，我们的老师，他们都具有创业方面的成功经验，都有可以与大家分享的创业经历和成果，这是令我们非常敬佩且希望可以进一步学习和了解的。

第三，也是非常重要的一点，是系统化的创业教育课程结构与内容。英国高校的创业教育课程均有系统化的结构与内容，根据教育对象的不同，课程可以分为面向在校大学生的创业教育课程和面向社会人士的创业教育课程。在面向学生开设的创业教育课程中，“为创业教育课程” 和 “关于创业教育课程” 是两种主要的形式。前者侧重于小组授课，重在向高校大学生传授如何准备商业计划、怎样参加创新创业实践活动、安排大学生与各行各业的企业家交流互动等，帮助大学生充分掌握创新创业的实践经验，严格考核学生的技能学习；后者主要包括学科课程和环境课程。从实践层面入手，通常包括创业教育活动课程和实践课程，重在培养大学生的实践能力和创业技能，使大学生毕业后能够创办企业、经营企业。在西苏格兰大学的学习过程中，我们接受到的授课方式是以讲授为主、实践为辅，在理论与技能相结合的环境下学习，让我们都有了非常不一样的课程体会和收获。创业教育活动课程是以活动为主要形式的创业课程形式，重在使学生获取直接的创业经验和信息；创业教育实践课程以实践为载体，将教育的内容和形式融入一个完整的课程之中。

第四，是多元化的创业教育课程实施和学习模式。经过30余年的实践与探索，英国各大学的课程在实施方法和学习模式上各具特色。英国高校通常会考虑教学内容的差异，根据内容选择符合实际的学习方式和教学方法。例如，此次的训练课程中，讲授市场营销课程老师，就带我们体验了视频的录制和剪辑，虚拟现实技术（VR）特效，我们利用这些科技和工具，做成了自己的宣传影片。像这样提供配套的模拟场所，为大学开发创业教育课程提供环境保障，加强创业教育师资队伍建设，充分保障高质量的课程设置，保证创业教育目标的达成，实施弹性的学分制度等灵活的教学管理制度，确保了创业教育理念嵌入专业学习中。

三、对我国高校创新创业的启示

1. 健全创新创业教育体系

在高校课程体系构建方面，我们需要学习英国的经验，坚持一切从实际出发，理论与实际相结合，把培养大学生创新精神和创业能力这个目标嵌入课程体系之中。不同高校或院系根据自身特点设置不同课程，根据学生特点有层次地设置课程。各高校以国家创业教育总体目标为指导，对创新创业教育课程体系进行整体设计，培养学生建构系统的知识体系。创业课程的设置是学生获得理论、技能知识的关键。同时，也应该采用理论实践相结合的方式，让学生走出课堂，不能过于注重技能与知识的传授，违背了教育的基本规律，曲解了创业教育的初衷。因此，从我国实际出发，我国高校的创业教育应该以培养学生企业家精神为目标，提倡创业精神、专业知识、创业能力并重，将创业教育融入专业教育，树立以创新意识、创业能力和意志品质为核心的高校创业教育教学理念。

2. 打造中国特色的创新创业教育师资队伍

目前，我国各高校创新创业教育缺乏相对专业的师资力量，是一个异常薄弱的环节，严重制约了高校创新创业教育改革的发展和教学水平的提升。因此，我们要学习英国高校，多渠道构建和培育创新创业生态系统的师资队伍，结合我国国情，努力锻造一支既有专业学术知识又有创业实践经验的创新创业教育师资队伍。教师队伍的建设可以从以下几个方面进行完善。一是对已有师资队伍进行专业培训。可以定期或者利用寒、暑假开办创业教育专业培训班，丰富培训内容，邀请知名企业家担任培训顾问，通过教师与企业家面对面的交流与沟通，促进高校创新创业教育快速发展；也可以选派专业教师“走出去”，到国内外高校进行考察、学习或者深造，学习人家先进的教学经验、创业体系和崭新理念。二是对创新创业教育的教师编制进行扩编，制定创新创业教育专业的教师准入标准，严格师资选拔程序，有计划、有目的地引进创新创业人才，全面充实师资队伍，切实承担起高校创新创业教育的教学重任。三是广泛选聘社会上经验丰富的企业家、成功创业者以及人力资源等方面的专家，充实教师队伍，请他们开设系列讲座，提供宝贵的创新创业经验，激发大学生参与的积极性。

3. 设立创新创业机构，指导大学生创业

我国政府可以与高校联合，创办大学生创业促进委员会和创新创业教育者联盟，培养大学生的企业家精神。各高校要结合实际，因地制宜，设立专门的创业教育机构，在支持学生创业实践的同时组织教师和学生团队进行研究，分析创业案例。专门的创业教育机构与外界建立广泛而深入的联系网，通过科学的方式，指导大学生创业。高校创业教育应加强实验室建设，主要包括专业实验室、创业实验室以及创业训练中心等，促使科技园、创业研究基地等资源面向学生开放，并监督资源开放情况，提高资源在高校创业教育中的利用效率。

4. 重视国际化视角下的创业教育本土化

我国在国际化视角下开展高校创业教育，其发展的根本在于尊重民族文化，在塑造具有企业家精神的人才时，对其进行民族精神教育高校创业的本土化教育措施应包含以下几点：首先，从文化角度分析，在创业教育中应重视弘扬我国本土企业家的传统精神、现代化商业精神。其次，从教材、课程安排角度来看，要重视从本土实际情况出发，开设具有本土化特点的创业教育课程。最后，从创业教育环境的角度来看，高校创业教育中应研究本土的创业政策，借助本土教育平台，对本土创业教育资源进行整合与运用。在我国高校创业教育中，既要引进国际上创业教育的先进经验与成果，又要将我国高校创业本土化教育取得的成果推向国际，形成国际化与本土化的有效互动，强化我国高校创业教育在国际创业教育方面的影响力。

四、总结

根据英国高校的创新创业教育，在分析并总结国际创新创业教育经验的基础上，我国高校创新创业教育可以从重视创新创业教育人才培养对象的多样化、重视国家化视角下的创新创业教育本土化、重视树立先进且科学的创新创业教育理念、重视搭建多元化的创新创业教育实践平台等角度，落实高校创新创业教育的具体工作，强化教育效果，提高学生国际化视角下的创新创业能力。

纵观英国高校创新创业教育经验，其中拥有先进的教育理念非常值得我们关注，并将其与我国高校教育、社会环境等因素进行结合。英国高校创新创业教育被视为全新的教育模式，与传统的教育有着很大差别，其目的在于培养全面性的创新创业人才。英国则将创新创业作为学生未来发展中一种非常重要、可供选择的职业，其创新创业教育的关键在于培养学生的创新创业意识和创新创业精神，从而更加适应知识经济时代的发展特点。因此，我国在高校创新创业教育中，应从国际化高校创新创业教育的理念角度出发，确立符合我国基本国情的创新创业教育理念，用来指导高校创新创业教育。

参考文献

[1] 郑萍. 美英高校创业教育特点及其启示 [J]. 科教导刊（下旬），2018（10）.

[2] 李南，陈云兰. 英国高校创新创业教育发展经验及启示 [J]. 智库时代，2018（33）.

[3] 李其林. 英国大学创业教育的特点及启示 [J]. 中国成人教育，2018（6）.

[4] 苗青. 英国创业教育对我国的启发 [J]. 教育评论，2018（3）.